历史地理大发现

Discovery of History and Geography

姬文广 ◎ 著

河南科学技术出版社
· 郑州 ·

图书在版编目（CIP）数据

历史地理大发现 / 姬文广著 . —郑州 : 河南科学技术出版社 , 2020.9（2022.6 重印）
ISBN 978-7-5725-0161-6

I. ①历… II. ①姬… III. ①历史地理 – 世界 – 通俗读物 IV. ① K916-49

中国版本图书馆 CIP 数据核字 (2020) 第 168873 号

出版发行：河南科学技术出版社
地址：郑州市郑东新区祥盛街 27 号　邮编：450016
电话：（0371）65737028　65788613
策划编辑：黄甜甜
责任编辑：乔伟利
责任校对：张春龙
书籍设计：张　伟　李　霓
责任印制：张艳芳
印　　刷：河南瑞之光印刷股份有限公司
经　　销：河南省新华书店
开　　本：720 mm × 1 020 mm　1/16　印张：12　字数：165 千字
版　　次：2020 年 9 月第 1 版　2022 年 6 月第 2 次印刷
定　　价：68.00 元
审 图 号：GS(2021)464 号

前言

何谓地理？它是研究地理环境中各种自然要素和人文要素，以及它们之间相互关系的一门学科。这里的“自然要素”主要包括地形、气候、水文、土壤、生物等，“人文要素”主要是农业、工业、交通运输、城市、环境问题等，“相互关系”指的是各自然要素之间的关系、各人文要素之间的关系、自然和人文之间的关系。可见地理是一门综合性很强的基础学科。研究地理学的终极目标是探求人地互动的科学模式，达到人地协调发展。也就是说，研究地理，本质上是为人类的发展服务的。

何谓历史？它是记载和解释一系列人类活动进程的历史事件的一门学科。可见历史是较为纯粹的人文学科，它关注的是人类活动进程。人类活动是否受地理环境的影响？答案是肯定的。最简单的例子，有很多关于我国南北差异的词语。例如，南米北面、南甜北咸、南船北马、南腔北调、南拳北腿、南尖北平等。可见，人们的饮食、方言、地方戏、建筑、体育运动、交通出行等，都打上了地域的烙印，正好印证了人们经常说的“一方水土养一方人”。

地理环境影响人类活动，人类活动的进程构成了人类历史。历史上有很多大大小小的事件，有些已在岁月中被记忆掩埋，有些被人们记录于史册，铭记于心中。仔细翻阅这些历史故事，会发现很多有意思的事情。

二战中日本偷袭珍珠港，太平洋战争由此爆发。这次袭击最终将美国卷入战争，这个事件也被称为珍珠港事件。日本偷袭成功的原因有很多，其中一个不可忽视的因素竟然是天气，美国军官说：“日本有一个卓越的气象部门，并有效地利用了它。”在俄罗斯的历史上，有很多国家试图去征服它，但一次又一次都败下阵来，有人总结说：“梦想征服俄罗斯的人发现，如果俄罗斯的武器不足以杀死他们，恶劣的天气却能办到。天气帮了俄罗斯人的大忙，否则，历史也许是另外一种写法。”无论是拿破仑的精兵强将，还是不可一世的希特勒军队，都在俄罗斯恶劣的天气中败下阵来。可见，天气、气候会影响人类历史。

明朝初期，中国历史上出现了一个了不起的人物，他七下西洋，达到了当时人类航海事业的顶峰，说到这里，大家一定能猜出他是郑和。可大家可能不知道的是，郑和每次出发几乎都选在冬季，返航时则选择夏季，中间还会在苏门答腊岛等上几个月，这是为什么呢？无独有偶，哥伦布第二次去美洲的航期比第一次短，但其实第一次几乎走直线，第二次走了弯路，航行的路线更长，这又是为什么呢？同样的还有二战中德军潜艇神不知鬼不觉地穿越直布罗陀海峡，袭击英法战舰，他们是怎么躲过英法的监控系统的？这三个知名历史事件的背后，有一个共同的影响因素——洋流。

青藏高原上为什么出现海洋生物的化石？历史上黄河为什么总是改道？地中海沿岸的庞贝古城为何会在一夜间消失？这些都和营造地表形态的力量——地壳运动、火山活动、外力作用等有关。

欧洲殖民者对非洲的入侵，历经了比入侵其他大洲更为曲折的过程。经过400多年，荷英法葡仅占领了非洲土地面积的10.08%，而同一时期大洋洲100%被占领，亚洲是51.5%，美洲是27.5%。到底是什么因素使非洲更具有“抵抗力”呢？答案在非洲的气候图和地形图里。

黄土高原也曾水草丰美，你相信吗？楼兰古国消亡的秘密是什么？是环境决定了人类的命运，还是人类改写了自然的原貌？

四大文明古国具有哪些共同点？为什么人类文明的种子会首先在这些地方生根发芽呢？

以上这些历史，无不告诉我们人类进程会受到地理因素的影响。

说了远的，让我们再说点近的。你听说过“走西口”“闯关东”“下南洋”“知青上山下乡”吗？人们为什么背井离乡地迁移呢？这会给迁入地和迁出地带来哪些影响？

我国之前采取严格的计划生育政策，而现在三孩政策正式出炉。中国最适合养活多少人？

我国的改革开放为何从东南沿海开始？那里具有哪些有利条件？

京九铁路从阜阳南下的时候，放着直线不走，反而是向西南拐弯，绕进大别山区，然后再向东南拐进井冈山区，这是为什么呢？

为什么在全球化浪潮伊始，无数企业会选择将生产加工等产业转移到中国？现在又为什么要转移到非洲、东南亚等地呢？

首都钢铁公司为什么从北京搬迁到曹妃甸？

是什么原因，使原本荒无人烟的长江中下游地区，华丽转身成为了富庶的鱼米之乡呢？

不要认为这些与地理无关，要知道农业、工业、城市、人口、交通，这些人文要素，也是地理学研究的范畴。推动这些历史事件的，也有“地理之手”。

总之，“史地不分家”，其实何止是历史和地理，其他各学科之间也有着千丝万缕的联系。人类活动的背后受多种因素的影响，这本小书是从历史事件出发，剖析背后的地理原因。它会给你一个新的视角去看待地理和历史。

目录

给 你 一 个 新 的 视 角 去 看 待 地 理 和 历 史

太阳大，地球小，太阳带着地球跑

历史故事

通向地心

太阳带着地球跑

1 太阳是宇宙的中心吗？

关于宇宙，我国古代有几种说法。一种是“盖天说”，这一学说早期认为“天圆如张盖，地方如棋局”，穹隆状的天覆盖在呈正方形的平直大地上。但圆盖形的天与正方形的大地边缘无法吻合。于是又有人提出，天并不与地相接，而是像一把大伞一样高高悬在大地之上，地的周边有八根柱子支撑着，天和地的形状犹如一座顶部为圆穹形的凉亭。还有一种说法是“浑天说”，我国东汉天文学家张衡认为：“浑天如鸡子。天体圆如弹丸，地如鸡子中黄，孤居于天内，天大而地小。”

浑天仪

在西方，比较有名的是“地心说”和“日心说”。地心说认为，宇宙是一个有限的球体，分为天地两层，地球处于宇宙中心静止不动，从地球向外依次有月球、水星、金星、太阳、火星、木星和土星，它们在各自的轨道上绕地球运转。1543 年，哥白尼临终前出版了不朽名著《天体运行论》，正式提出“日心说”，认为太阳是宇宙的中心，而不是地球。这有力地推翻了长期以来居于宗教统治地位的“地心说”，实现了天文学的根本变革。

那么，宇宙到底有多大？浩瀚的宇宙中有哪些物质？这些物质的运动是杂乱无章的，还是遵循一定的秩序？

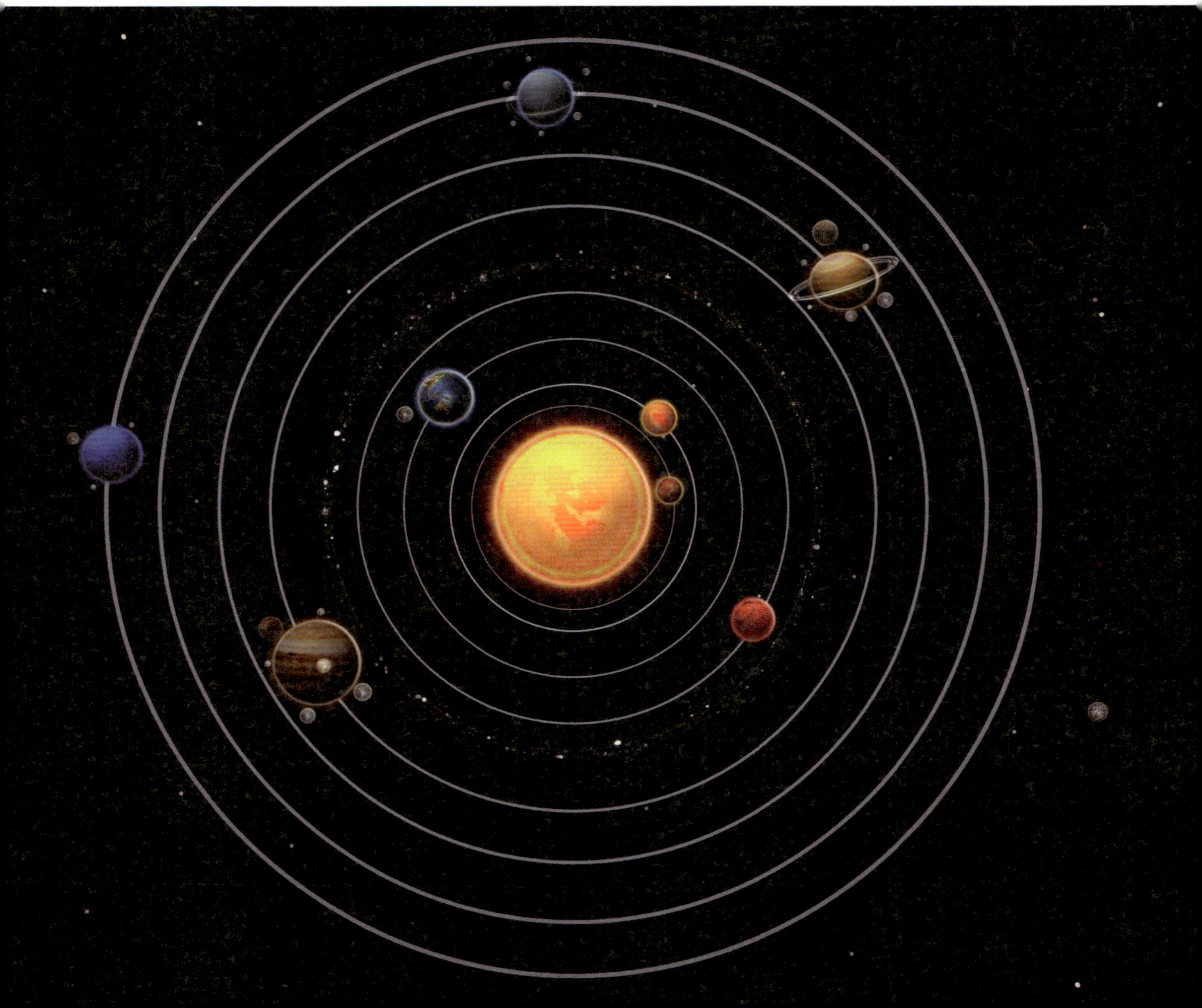

太阳系示意图

极光

2 信鸽竟然也会迷失方向？

1988 年 7 月 1 日，在欧洲举办的一次信鸽比赛中，有 4 万多只鸽子参赛，它们大多数是参加过多次大赛的经验丰富的“信鸽选手”。可是，这一飞，却成了其中大多数鸽子“职业生涯”的“绝唱”。这些“职业选手”集体发挥失常，许多鸽子迷航，不能返回鸽房。甚至 7 月 3 日从法国中部放飞的大约 5000 只鸽子仅有 285 只被找到。这些鸽子是被不法猎人猎杀，还是遇到了大量天敌？人们一时摸不着头脑。

很多年后，随着科学的发展，人们终于逐渐揭开了这个自然怪象背后的秘密。其实，信鸽半路走失与太阳活动有关。

什么是太阳活动？太阳活动有哪些类型？鸽子为什么会迷失方向？除了影响鸽子，太阳活动发生时还会出现什么异常现象呢？

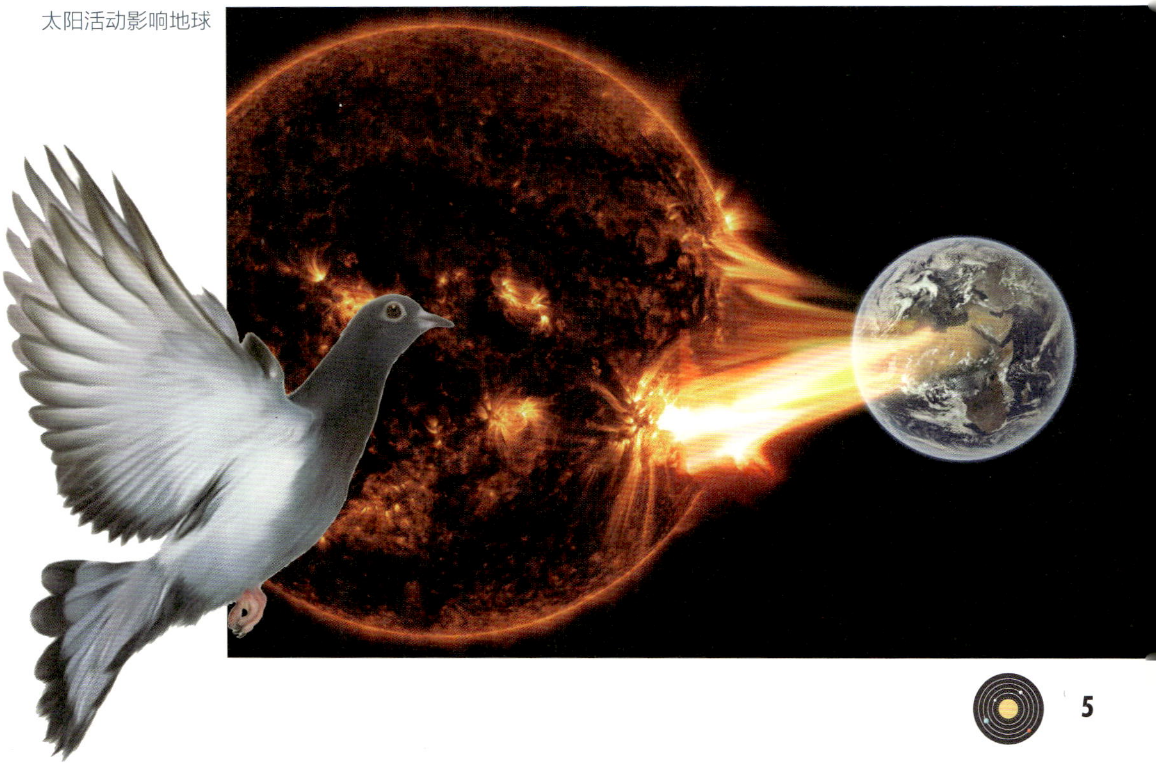

太阳活动影响地球

3 苏联的“超级钻探”为何停止？

20 世纪 70 年代，美苏争霸，难解难分。美国率先发明了深海勘探船，提出了与“阿波罗登月计划”齐名的“深海钻探计划”。不甘示弱的苏联紧跟着开启了一项更加庞大的工程——“超级钻探”。苏联最顶尖的地质学家和工程师们聚在一起，一心想要挖掘一个通向地心的深井，去地底下的世界看一看。这群疯狂的科学家们打出的最深钻孔达 12 200 多米，此深度约是珠穆朗玛峰高度的 1.3 倍，至今都是全世界最深的人工点。

苏联的这项超级钻探工程从 1970 年开始，历时 20 余年。而实际上，超级钻探工程进行到 1983 年时，钻孔深度就已经达到了 12 000 米。也就是说，

“超级钻探”工程

最后几年间，科学家团队只往下打了 200 多米。我们不禁要问：钻洞真有这么难吗？

其实，虽然钻洞的基本原理众所周知，但是钻一个超深洞的工程难度却大得惊人。其中最重要的一个问题是：地壳深处实在太热了。工程师根据有限的资源总结出了一系列的制冷方法，造出了许多能在超过 300℃的高温下工作的钻头。据说他们钻探到的最高温度甚至超过了 1 000℃。但是越往地心方向走，温度就升高得越快，超级钻探工程最终难以为继。

也有一些传言，称钻探停止的原因是他们发现了某些超乎常理，连科学都无法解释的东西。例如，里面有人类“尖叫声”，甚至有成千上万的人凄厉悲惨的哀号呼救声，仿佛有数不清的人正受到极大的痛苦。有一位参与此项工程的苏联地质学家甚至说：“我过去不相信有天堂地狱之说，但作为一个科学家，我现在却不能不确信有地狱存在。不用说，我们都对此种发现感到万分震惊。但我们都知道所见所听的，绝不是幻觉，而我们也绝对肯定，我们已打开了地狱之门。”

尽管钻探并没有取得预期的成果，但他们还是有一些新发现，比如当钻探深度达到 9 500 米时，钻头钻进了一个含有黄金和钻石的地层。取出的岩芯经分析，金含量居然高达 80 克 / 吨。要知道金含量达到 4 克 / 吨的金矿层就已经具有商业开采价值了，地球表层连金含量超过 10 克 / 吨的矿层都很罕见，相比之下这里几乎是金子的宝库！

随着科学的发展，人们知道了地球的平均半径是 6 371 千米，是最深钻孔的 500 多倍。苏联科学家的钻探历程已经告诉我们，想要靠打洞去探索地球深处的奥秘，显然是行不通的。地球内部有坚硬的岩石，有灼热的岩浆，那里还有什么呢？既然钻探是不可行的，那我们该怎么去探索地球内部的奥秘呢？

历史故事

4 为何“月有阴晴圆缺”？

我国有许多描写月亮的诗词，比如“可怜九月初三夜，露似真珠月似弓”“月落乌啼霜满天，江枫渔火对愁眠”“今宵酒醒何处？杨柳岸，晓风残月”“月上柳梢头，人约黄昏后”“海上生明月，天涯共此时”。你是否意识到，这些诗句中月亮的形态不尽相同？它们分别可能对应哪种月相？为什么会出现不同的月相？月食是什么情况下产生的？

此外，还有一首《月相变化歌》，

初一新月不可见，只缘身陷日地中，

初七初八上弦月，半轮圆月面朝西。

满月出在十五六，地球一肩挑日月，

二十二三下弦月，月面朝东下半夜。

你能理解每一句中的月相吗？

月相变化

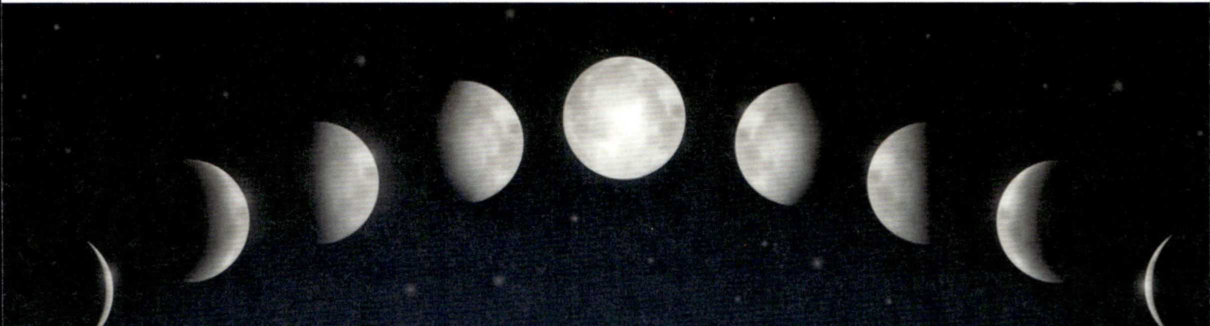

指南针

1 地球在宇宙中的位置

宇宙中有各种各样的天体，如恒星、行星、彗星、流星等。

宇宙中物质的运动遵循一定的规律，天体相互吸引、相互绕转，形成天体系统。天体系统是有级别的。图中最低一级的天体系统是地月系。

地月系

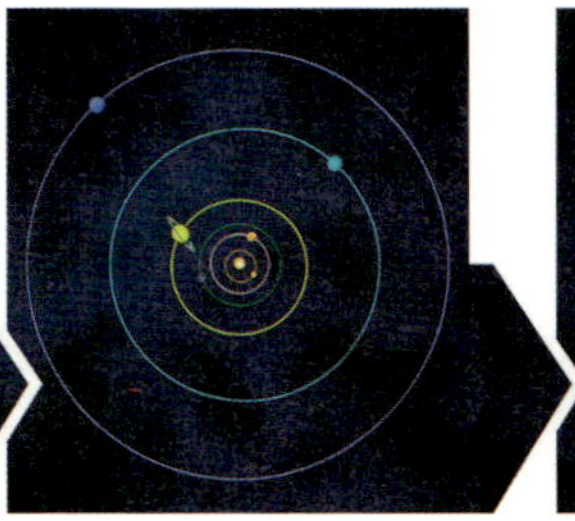
太阳系

银河系

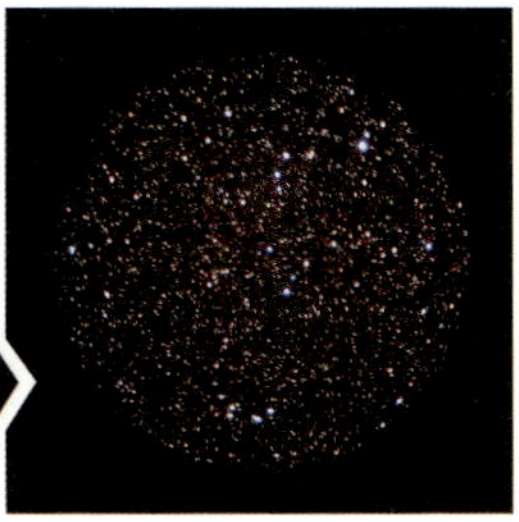
总星系

太阳系八大行星

指南针

2 地球内部的圈层结构

为了探索地球内部的世界，科学家找到的第一个线索来自地震。每当地震发生，地球内部的物质会受到强烈冲击而产生波动，这就是地震波。根据传播方向的不同，地震波可以分为纵波（简称P波）和横波（简称S波）。我们知道声波在空气与水中的传播速度是不同的，同样，由于地球内部物质的差异，地震波在地下的传播情况也因为介质不同而变化多端。横波只能在固体中传播，而且速度较慢。纵波就厉害多了，固态、液态、气态的介质都难不倒它，速度更快！所以只要抓住地震波传播情况的变化，就能找到地下圈层的分界面，这也就成了科学家探索地球内部奥秘的金钥匙。

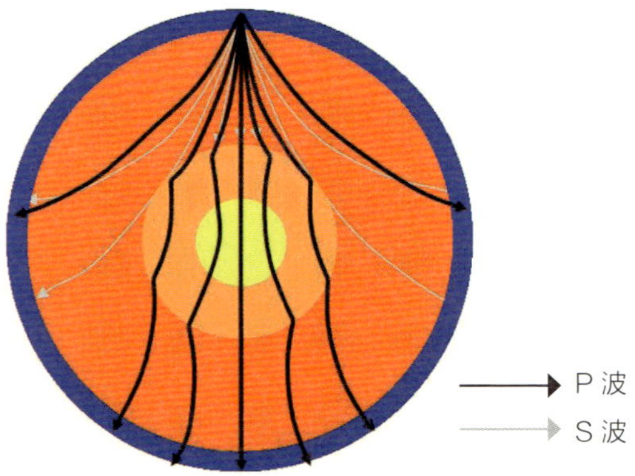

地震波在地球内部传播速度的变化

1909 年，克罗地亚地震学者莫霍洛维契奇意外地发现，地震波在传到地下约 33 千米处速度明显加快。他认为，这里就是地壳和地壳下面不同物质的分界面。1914 年，德国地震学者古登堡又发现，在地下约 2 900 千米处，还存在着另一个分界面，这里横波消失，纵波速度也显著减慢。后来，人们为了纪念他们，就将两个面分别命名为“莫霍界面”和“古登堡界面”，而这两个不连续面分开的，就是地壳、地幔和地核。

地球内部的圈层结构，就好像是一个半熟的鸡蛋，最外面的一层是地壳，

地球内部的圈层结构

相当于蛋壳。地壳承载着人类赖以生存的海洋和陆地，平均厚度为 17 千米，大洋部分地壳较薄，平均厚度为 7 千米；大陆部分地壳较厚，平均厚度在 33 千米左右。

而地球的中间层，叫“地幔”，就好像是鸡蛋的蛋白，厚度为 2 800 多千米，主要由致密的造岩物质构成，这是地球内部体积最大、质量最大的一层。地幔又可分成上地幔和下地幔两层。一般认为上地幔顶部存在一个软流层，好似半熟鸡蛋的蛋白浆。科学家们推测是由于放射元素大量集中，衰变放热，将岩石熔融后造成的，一般认为这里可能是岩浆的主要发源地。软流层以上的地幔部分和地壳共同组成了岩石圈。而下地幔的温度、压力和密度均明显增大。

再往深处就是地核了。这个半径为 3 400 多千米的球体，比太阳系中的火星还要大！由于处于地球的最深处，地核受到的压力比地壳和地幔部分要大得多。地核也有内外之分，外地核呈液态，滚烫的铁和镍在这层流动。内地核的温度更高，与太阳表面的温度相当（约 5 500℃），压力也大得惊人——相当于 326 万个地球大气压，这样的超级高压把内地核的一切都变成了固态。

地球内部还有许多特殊情况，即使在实验室里也很难模拟，所以人们对它的了解还很少。但有一点科学家是深信不疑的，那就是地球内部是一个极不平静的世界，地球内部的各种物质始终处在永不停息的运动之中。

3 太阳活动对地球的影响

太阳是整个太阳系的唯一中心，包括地球在内的所有行星都日夜不停地围着它转动。太阳是一个巨大炽热的球体，主要由氢和氦构成。这个大火球承载了太阳系 99.86% 的质量，表面温度高达 5 500℃。太阳源源不断地以电磁波的形式向四周放射能量，这就是我们所熟知的太阳辐射。太阳辐射的能量十分巨大，尽管只有二十二亿分之一到达地球，但对地球和人类的影响却不可估量。

人类能够直接观测到的太阳实际上十分有限，只是太阳的大气层。甚至

太阳系

我们看到的太阳大气层也不是全部，而是太阳大气层的光球层，光球层的厚度约 500 千米，地球上接收到的太阳光基本上都是由光球层发射出来的。

在光球层的外部，有一层呈玫瑰色的大气层，它的名字叫色球层。色球层不仅颜色美丽，厚度也比光球层大得多，有几千千米，不过它发出的光却非常微弱，不及光球层的千分之一，我们只能在日全食的时候或者用特殊的望远镜才能看到。

而在色球层以外，太阳大气层的最外层是日冕层，可以延伸到几个太阳半径，甚至更远，它的亮度就更弱了，仅为光球层的百万分之一，只有在日全食或者用特制的日冕仪才能一窥它的真容。

太阳大气层

太阳大气的大规模运动，叫作“太阳活动”。太阳活动的类型较多，其中最重要的就是黑子和耀斑，它们是太阳活动的重要标志。

太阳的光球层表面常出现一些黑斑点，我们形象地叫它太阳黑子。由于黑子的温度比光球层表面其他地方低，所以才显得暗一些。人们发现太阳黑子有的年份多，有的年份少，这个变化的周期大约是 11 年。

而太阳的另一种主要活动类型——耀斑，则是在色球层上突然出现的又大又亮的斑块。耀斑是太阳大气高度集中的能量释放过程。一个大耀斑可以在几分钟内发出相当于 10 亿颗氢弹爆炸所产生的能量，射出很强的无线电波、大量的紫外线、X 射线，同时抛出大量的高能粒子。

一般来说，黑子活动的增强意味着耀斑爆发更加频繁，耀斑随黑子的变化同步起落，这就是太阳活动的整体性。说到这里，前面说到的桩桩怪事就真相大白了。一次太阳耀斑爆发，在短短 1 秒钟内释放出的能量，与平时整个太阳一二十分钟内释放的总能量相当，这就好像是太阳打了个大喷嚏一般。太阳活动抛射出的含大量带电粒子和巨大能量的气体到达地球后，不仅会干扰地球上的无线电通信，甚至还会扰乱整个地球的磁场，造成“磁暴”现象，使得罗盘乱转，信鸽迷失。据研究发现，地球上的许多自然灾害，如地震、旱涝等也和太阳活动有一定的关系。不过太阳活动带来的也不都是坏事，绚丽的极光就是太阳风暴内的高能带电粒子与极地稀薄的大气碰撞形成的。

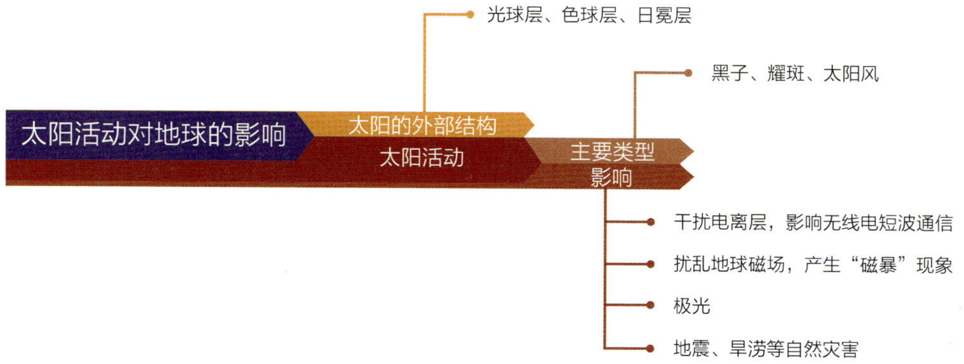

太阳活动对地球的影响

极光

4 月相变化规律

农历每月初一，月球位于太阳和地球之间。地球上的人们正好看到月球背离太阳的暗面，因而在地球上看不见月亮（相当于“黑月亮”），称为新月或朔。此月亮与太阳几乎同升同落，即清晨月出，黄昏月落，只有在日食时才可觉察它的存在。

新月过后，月球离开地球和太阳的中间位置而向旁边偏了一些，即月球位于太阳的东边。月球被太阳照亮的半个月面朝西，地球上可看到呈镰刀形的月亮、凸面对着西边的太阳，称为蛾眉月。蛾眉月日出后月出，日落后月落，与太阳同在天空，只有当太阳落山后的一段时间才能在西方天空看到。

约在农历每月初七、初八，由于月球绕地球继续向东运行，日、地、月三者的相对位置成直角，即月地连线与日地连线夹角成 90°，地球上的观察者正好看到月球西半边亮，亮面朝西，呈半圆形，叫上弦月。上弦月约正午月出，黄昏时，它出现在正南天空（假设观察者位于北半球中纬度，下同），子夜从西方落入地平线以下，上半晚可见。

约在农历每月十一、十二，地球上的观察者看到月球西边被太阳照亮部分大于一半，月相变成凸月。凸月正午后月出，黄昏时在东南部天空，亮面朝西，黎明前从西方地平线落下，大半个晚上可见。

农历每月十五、十六，月球运行到地球的外侧，即太阳、月球位于地球的两侧。由于白道面与黄道面有一夹角，通常情况下，地球不能遮挡住日光，月球亮面全部对着地球，人们能看到一轮圆月，称为满月或望。满月在傍晚太阳落山时的东方地平线上升起，子夜位于正南天空，清晨从西方地平线落下，整夜都可以看到月亮。

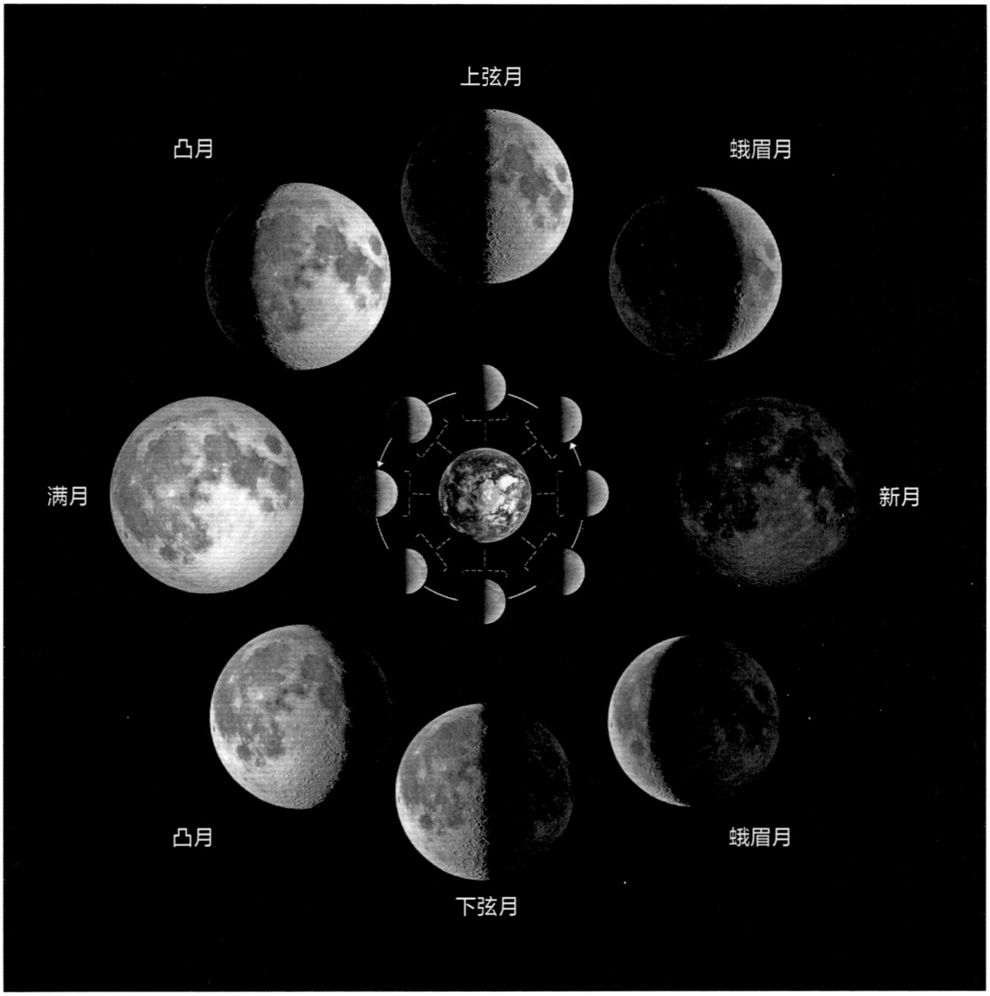

月相变化

再过几天，农历每月十八、十九，月相又变成凸月，亮面朝东。此时段黄昏后月出，正午前月落，大半个晚上可见月亮。

农历每月二十二、二十三，日球、地球连线与太阳光线垂直。这时我们看到月球东半边亮，呈半圆形，月面朝东，称为下弦月。它在子夜时从东方地平线上升起，日出时高悬于南方天空，正午时从西方地平线落下，下半晚可见。

再过几天，农历每月二十五、二十六，月相又变成蛾眉月，亮面朝东。此时子夜后月出，黄昏前月落。

月球随后继续向东运行，又运行到太阳和地球之间，月相变为朔。

可见，月相的变化依次为新月（初一）→蛾眉月→上弦月（初七、初八）→凸月→满月（十五、十六）→凸月→下弦月（二十二、二十三）→蛾眉月→新月。月球绕地球公转一周，月相由朔到下一次朔所经历的时间间隔，即月相变化的周期，叫作朔望月。

思维迁移

1 古诗中的月亮有何不同？

“月黑雁飞高，单于夜遁逃”“缺月挂疏桐，漏断人初静”“不见乡书传雁足，唯看新月吐蛾眉”“露从今夜白，月是故乡明”“明月出天山，苍茫云海间”。这些诗句中的月亮是什么形态的？观察一下今晚的月亮，它可以和哪句诗对应？

关于月相，还有一个简单的口诀：上上上西西、下下下东东（上西天，下东天）。意思是：上弦月出现在农历上半月的上半夜，月面朝西（凹的一面朝西），位于西半天空；下弦月出现在农历下半月的下半夜，月面朝东（凹的一面朝东），位于东半天空。你弄懂了么？

古人赏月（1）

古人赏月（2）

思维迁移

2 太阳活动还会造成哪些影响？

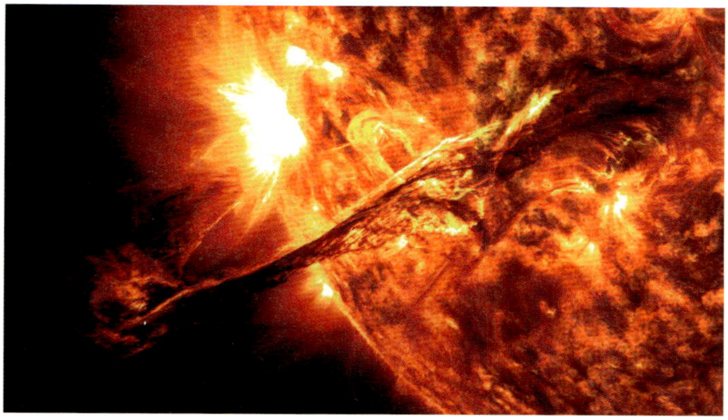
太阳活动

第一个有记载的“太阳海啸”现象发生在 1859 年，当时英国人理查德·卡林顿正在通过天文望远镜观察太阳黑子，然而他却看到在太阳表面有一团异常明亮、呈椭圆形的光持续喷发了几分钟之久。几天后，地球上许多地区的电报系统出现了紊乱失控的现象，许多线路都出现了地磁感应电流，有些电报员报告称可以在无电池的状态下使用电报系统，情况较为严重时还出现了电线起火熔化的现象，同时，“太阳海啸”冲击地球大气层产生了巨大的北极光，远在古巴的人们都可以看到。

大约每 100 年，大规模太阳耀斑会给地球造成一次严重的自然灾害。太阳耀斑一旦光顾地球，其后果就是灾难性的。太阳耀斑能够产生强大的电磁脉冲，使发电厂断电，地球可能面临持续数月的大规模停电。另外，现代人类文明的代表作——手机、信用卡和互联网等也都要随之瘫痪。美国国家科学院估计，仅在美国境内，太阳耀斑就能造成 2600 亿美元的经济损失。

2012 年，一股强大的太阳耀斑和地球擦身而过，所幸没有“击中”。

太阳活动对地球还会造成哪些影响呢？

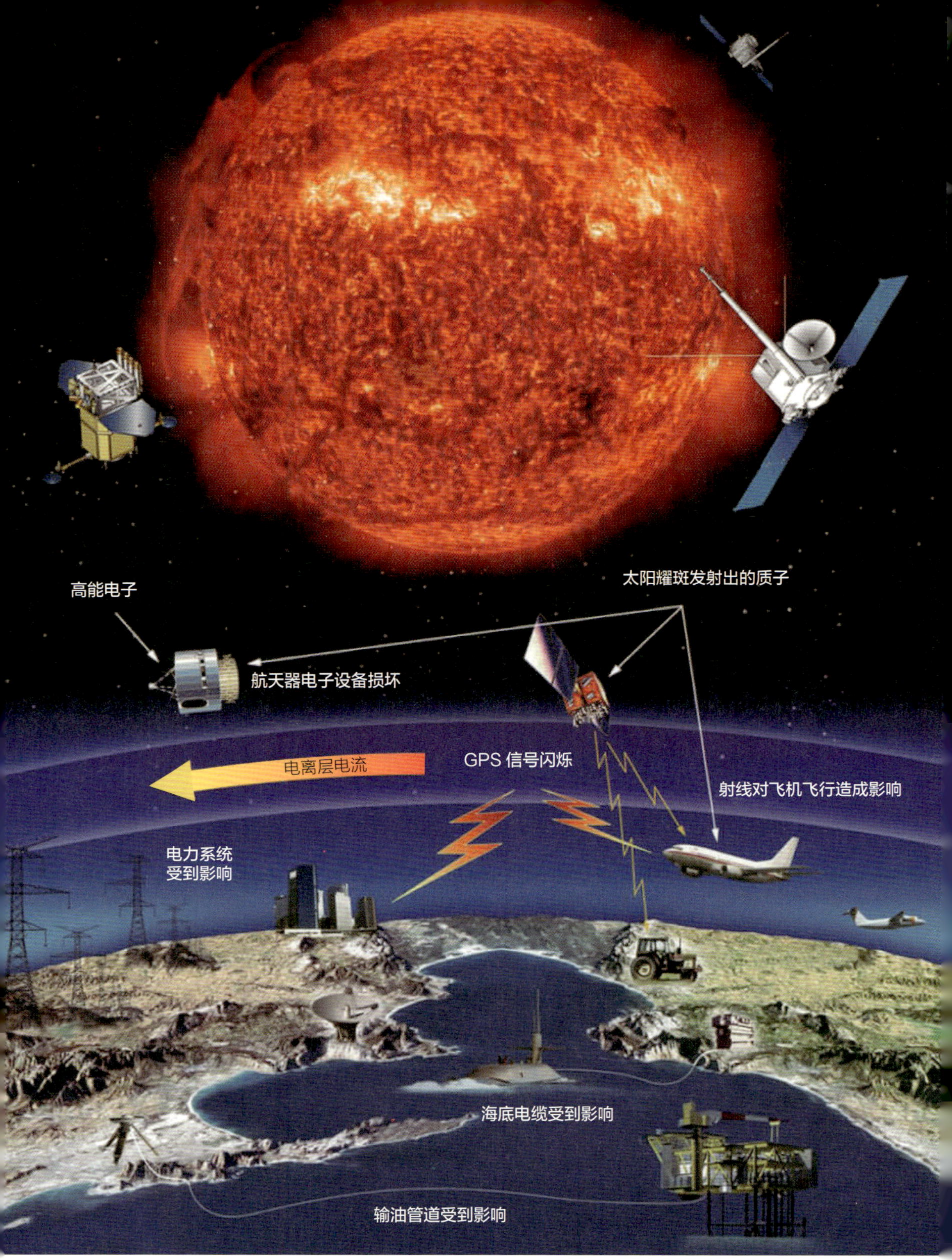
太阳耀斑发射出的质子
高能电子
航天器电子设备损坏
GPS 信号闪烁
电离层电流
射线对飞机飞行造成影响
电力系统
受到影响
海底电缆受到影响
输油管道受到影响

太阳活动的影响

气象万千

历史故事

天气的神力（上）　天气的神力（下）

1 “贸易风”“信风”“马纬度”“季风”的名称是怎么得来的?

“贸易风”“信风”“马纬度”“季风”这些词我们听起来可能既熟悉又陌生，这些词实际上是几百年前航海探险家间的流行语。让我们把时钟拨回到人类发明蒸汽机之前，那时的航海家们能仰仗的只有风力。发现美洲大陆的哥伦布、实现环球航行的麦哲伦，还有我国历史上赫赫有名的大航海家郑和，都是依靠这种自然的力量驾驶帆船完成他们的壮举的。

但是，他们的航行并非一帆风顺。茫茫大海上，风向变化多端，幸运的时候顺风顺水、高歌猛进，倒霉起来也可能一连多日风平浪静，不给船队任何前进的动力。每当这个时候，航海家们只能下令停船，眼巴巴地等候风的降临，而且这一等可能就是几天甚至几十天。航海家们经过多次航行，发现纬度 30° 附近总是没有风，帆船一旦进入这片海区便无法航行。那时，开往美洲大陆的帆船除装载一般货物外，还常常会带上许多马匹。这一停下，对活生生的马匹来说，麻烦事就大了。由于草料和淡水不足，马匹相继死掉，马肉又吃不完，所以不得不把马肉投进大海里喂鱼。后来，人们就把这个没有风的 30° 纬度叫作“马纬度”。虽然商人们非常讨厌“马纬度”，但是他们怎么都不明白，为什么“马纬度”海区总是无风。

既然有无风带，那就会有风带。古代的航海家和商人，在多年的航海生涯中，逐渐发现有些海域总是吹定向风，比如北半球靠近赤道的海面上总是吹东北风，南半球靠近赤道的海面上最常起的是东南风。在掌握了这一规律之后，他们在大西洋和太平洋上的航行就顺利多了，经过这几片海域的国际贸易也做得风生水起。英国人于是给这一带的风起了一个有趣的名字，叫“贸易风”。这种风的方向很稳定，一向很守“信用”，因此海员们称之为“信风”。在这一带海岛上的树，也被定向风吹得像扫帚一样，形成了一种绝妙的风向标。

和信风相反，有的地区风向会随着季节发生明显改变，比如东亚和南亚以及澳大利亚西北部。再比如我国长江中下游地区是有名的“鱼米之乡”，到处是植被茂密、湖汊纵横的水乡景观。但放眼世界上其他北纬 30° 的地区，却到处是荒漠。这种巨大的反差为我国的长江中下游地区赢得了一个称号——“回归沙漠带上的绿洲”。

为什么会有风平浪静的“马纬度”？究竟哪些地区会刮“信风”？赤道附近的“贸易风”是怎么形成的？季风的形成有哪些原因？

信风带某地的树

历史故事

2 威震欧亚大陆的蒙古铁蹄，为何两次远征日本失败而还？

早在元朝的时候，元世祖忽必烈决定发动征日战争。当时的日本不过是一个力量弱小的岛国。元军在精心准备十年后，第一次攻打日本，日本军队顽强抵抗，当天战事胜负未分，可到了晚上，海上突然刮起台风，元军的不

日本绘画中台风吹起的巨浪

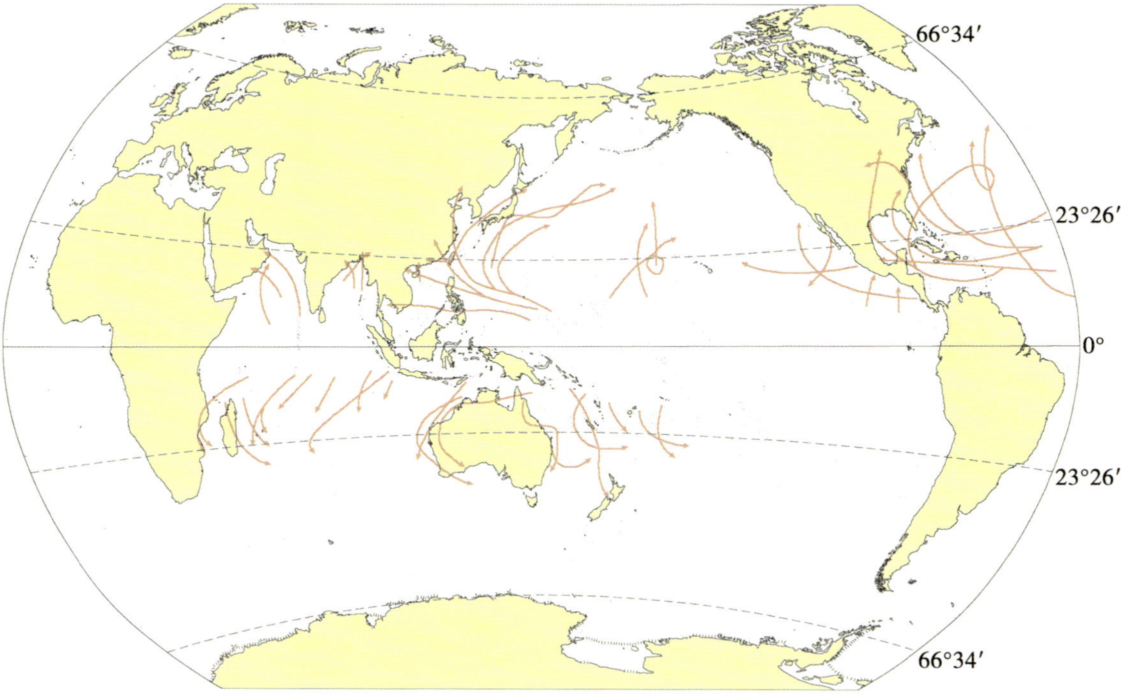

世界热带气旋主要形成海域和移动路径示意图

少船只被海水淹没，兵力损失惨重，第一次远征以失败告终。

不过忽必烈并不甘心，公元 1281 年 7 月，元军再次出兵攻打日本，8 月，正当元军成功登陆与日军激战正酣时，元军的船队在西南海域突然遭遇强台风袭击，没过多久巨浪就淹没了数百艘船。这次远征的损失比上次更加惨重，有记载称，元军损失了一半以上的军队和船只。由此，元军元气大伤，再也不敢贸然发动对日本的袭击。日本人认为正是这场上天派来的神风挽救了日本，对“神风”的顶礼膜拜从此一发不可收拾，后来，日本在二战中就以“神风”来命名自己的特攻队，其实也是幻想祈求神风的庇护，为自己在战场上带来奇迹。幻想终究只可能是幻想，“神风”当然不是什么拯救日本的神秘力量，它只是一种正常的自然现象而已。不过，日本为什么会刮起“神风”？东亚还有哪些地方会出现类似的“神风”呢？

历史故事

3 为什么说天气帮了俄罗斯大忙?

如果哪个国家打算入侵俄罗斯，一定要多带几套厚的内衣和几副暖和的手套，这是付出大量人员伤亡才得到的教训。一次又一次，梦想征服俄罗斯的人发现，即便俄罗斯的武器不足以杀死他们，恶劣的天气也能办到。无论是拿破仑的 60 万精兵强将，还是不可一世的希特勒军队，都在俄罗斯恶劣的天气中败下阵来。

1708 年，瑞典查理十二世率军入侵俄国。这次入侵以失败告终。有士兵写道："与我们所承受的痛苦相比，打仗简直如同儿戏。在我们周围，在怒号的寒风中，动物在田野里冻得僵直，冻僵的鸟儿瞬间坠落……当看到几百个在战场上英勇无比的小伙伴，此刻却呼唤医生切断他们变得发白和松脆的手脚时，我的心在痛、泪在流。"

1812 年，拿破仑率领 60 万军队入侵俄国，俄国的军队只有 18 万人，而且沙皇亚历山大一世从未有过率军征战沙场的经验。拿破仑也仔细研究过瑞典查理十二世命运不济的侵略战，他认为通过周详的筹划，他率领的军队将在冬季到来之前就撤出俄国。

有一点拿破仑没有考虑到，那就是俄国气候往往处于两个极端。要么烈焰炙烤，要么洪水泛滥；时而快要把土壤烧焦，时而又把它们冻结。

攻击刚开始，士兵们就遭遇了强烈的暴风雨，浑身湿透。拿破仑的军队用马车拉着重型武器以及够每个士兵吃 14 天的粮食出发来攻打莫斯科。大雨之后，很多马车不得不扔掉，因为轮子都被泥掩埋。

拿破仑的军队穿过立陶宛，奔向莫斯科时，夏季的炎热使部队遭受重创。他们没有帐篷，因此无论干湿，都露天睡觉。靴子也磨破了。水井很少，有些脱水的人被迫饮用路上车辙里的马尿。

俄国人拒绝与拿破仑军队进行大决战。拿破仑军队前进，俄国人撤退。拿破仑军队继续前进，俄国人再次后退。就这样又过了两个月。拿破仑军队绝大多数死于炎热和疲惫，而不是子弹，主力部队减少到约 10 万人。

几周之后，拿破仑抵达了莫斯科，却发现莫斯科已是一座空城。俄国军队离开前，纵火烧掉了任何对随后可能赶到的法国人有用的东西。

挺进俄国的约 60 万大军，最后只剩下约 3 万人回到法兰西。被遗弃在俄国的还有 16 万匹马及几百门大炮。

法国军队从俄国撤退

1941 年，希特勒入侵苏联。当希特勒决定进攻苏联时，他并不是未吸取拿破仑的教训。他只是选择了忽略这个事实。他推断，斯大林一直会因为他们两国之间的互不侵犯协议而感到放心，进攻苏联只需要一场短时间的会战，跟苏联的冬天无关。

战争持续到 1943 年 2 月，德军终于被迫投降。战役的代价难以言喻。原先进攻斯大林格勒的 33 万德军中，约 9 万人被俘，其余全都倒下——有些战死，但是大部分死于饥饿、疾病及严寒。在俘虏当中，约 2.5 万人在长途跋涉到西伯利亚监狱的途中死亡，而能够活着到达西伯利亚监狱的人当中，只有约 2500 人再次回到德国。

在冬季反攻的苏联士兵

天气并不是改变战争形势的唯一因素，但是天气扮演着重要的角色。“在苏联广阔的地域中，天气是一股引人注目的力量，”一位在二战中曾经服役于东线的前德军将领写道，“认识并尊重这股力量的人便能够战胜它，不屑或低估它的人便有失败或毁灭的危险。”

俄罗斯的气候具有哪些特点？这对俄罗斯的农业、人口和城市分布有什么影响？

为什么在战争中俄罗斯总是实施撤退的策略？这和它的哪些自然特征有关？

4 日本袭击珍珠港成功的原因与天气有何关联？

日本偷袭珍珠港，是二战中大家耳熟能详的战役，这次偷袭之所以能取得成功，幕后的功臣之一竟然是天气。

在空袭当天，珍珠港的上空布满了阴沉的乌云，几乎遮住了所有的阳光。有一个美国海军军官在记事本上描述那天早晨的情况时写道："头顶上正好有足够的碎云可以保护日本人，且引起我们高射炮火的混乱，日本有一个卓越的气象部门，并有效利用了它。"把握住了"天机"的日本人最终打赢了这场偷袭战。而他们最大的成功就是有效利用了锋面天气，从冷锋后面接近珍珠港，成功躲过了美军的监察。那么，锋面天气究竟是什么？为什么冷锋的后方经常阴云密布？锋面过境前后的天气又有什么不同？

日本偷袭珍珠港

指南针

1 气压带和风带

看不见摸不着的大气，不仅提供了动植物维持生命活动所需要的各种气体，而且还是地球上生物生存不可缺少的保护层，大气的运动也无时无刻不在影响着人类的生产和生活。大气的运动有没有规律可循呢？答案是肯定的。由于不同纬度地区所得到的太阳辐射能不同，高低纬度间因此产生气温差异，这种差异会驱使大气不断运动，输送和交换热量。同一水平面上的气压如果有差异，就会产生我们熟悉的风。

假设地球表面是均匀的，引起大气运动的因素主要有两个，那就是高低

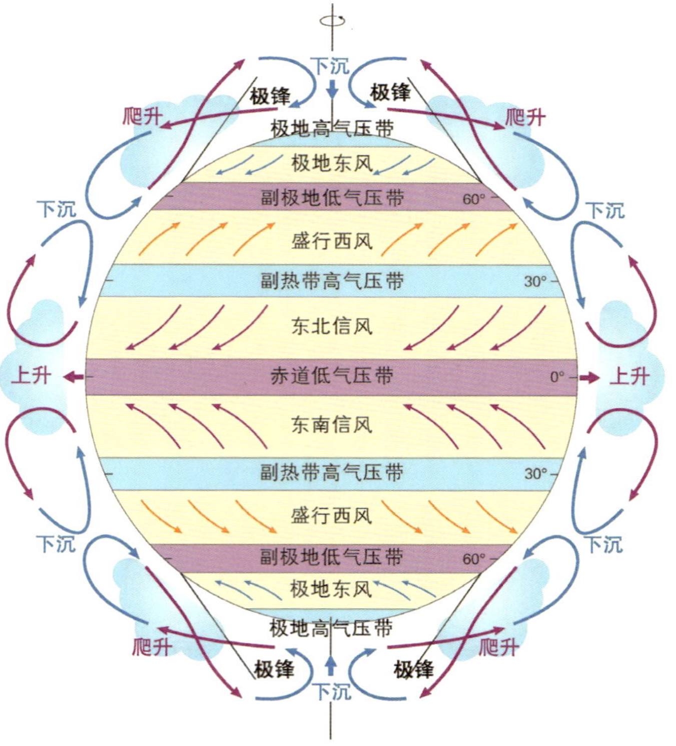

地球上的气压带和风带

纬之间的受热不均和地转偏向力。地球上哪个地方受热最多呢？当然是赤道附近了。这里空气受热膨胀上升，近地面气压降低，这样就形成了“赤道低气压带”。这些上升的空气聚积在赤道高空，在水平气压梯度力的作用下，向南北两极方向流动。在地转偏向力的影响下，逐渐改变方向：向北流动的气流偏向东北，向南流动的则渐渐偏向东南。这种偏向随着纬度的增加而增加，气流到达南北纬 30° — 35° 上空的时候，差不多都变成了西风，不再向前推进。大量来自赤道上空的气流在这里不断堆积，由于重力的作用不断下沉，使得近地面形成副热带高气压带。

高气压带控制的区域，盛行下沉气流，而下沉气流在运动过程中不断增温，这样水汽便不易凝结，不易形成降水。副热带高气压带所在的区域，不仅少雨，而且由于纬度低，气温高，导致蒸发量大，所以愈发干旱。世界上大部分荒漠都位于南纬 15° — 35° 和北纬 15° — 35° 正是这个原因。而曾经让航海家们头疼的“马纬度”，同样也是副热带高气压带捣的鬼。一方面，下

沉气流强盛，造成干旱少雨；另一方面，缺少水平气流，所以风力微弱，当时的海上航行难以为继。备受航海家喜爱的“信风”，其实是气流从副热带高气压带流向赤道低气压带时，在地转偏向力的影响下，北半球的北风向右偏转为东北风，南半球的南风向左偏转为东南风。它们风向稳定，全年少变，一向极守“信用”，因此得名“东北信风”和“东南信风”。其实把欧洲商人口中的“信风”“和“马纬度”合起来看，就是赤道与南北纬 30° 之间形成的低纬度环流圈。

放眼全球，南北极地区由于终年寒冷，接受太阳辐射最少，空气堆积下沉，形成极地高气压带。在北半球，从北极高气压带向南流出的气流，在地转偏向力的作用下逐渐向右偏转成东北风，叫“极地东风”。从副热带高气压带向北流出的气流，在地转偏向力的作用下逐渐向右偏转成西南风，叫“盛行西风”。冷冽的极地东风和暖和的盛行西风通常会在北纬 60° 的地方相遇。这时，暖而轻的气流就会爬升到冷而重的气流之上，形成副极地上升气流。上升气流到高空，又分别流向副热带和极地上空，从而形成了中纬度与高纬度环流圈。同时，由于在北纬 60° 附近，气流上升到高空就会向南北两个方向流走，所以这里的近地面气压降低，副极地低气压带就这么形成了。至此，我们认识了北半球的低纬、中纬、高纬三个环流圈。与北半球类似，南半球气压带的分布也遵循同样的规律，唯一不同的是南半球的地转偏向力是使气流向左偏转的，所以环流方向与北半球不同。

这样，全球的 7 个气压带就全部介绍完了，它们分别是赤道低气压带，南北半球的副热带高气压带，南北半球的副极地低气压带，南北半球的极地高气压带。在气压带之间，还有 6 个风带，它们是低纬信风带、中纬西风带，还有纬度最高的极地东风带。由于太阳直射点随季节变化而南北移动，气压带和风带在一年之中也会跟着做周期性的季节移动。在北半球，与二分日相比，气压带和风带的位置大致是夏季偏北，冬季偏南。

2 季风环流

三圈环流的形成有一个重要的前提就是地表均匀，但实际情况并非如此，这其中最突出的表现是海陆差异。东亚背靠世界上最大的大陆——亚欧大陆，面向世界上最大的海洋——太平洋，这里海陆热力性质差异表现得最为突出。冬季，同纬度的海洋和陆地，陆地降温速度快，气温低，海洋与之相反。这样陆地气流冷却收缩下沉，近地面形成高压中心，海洋则形成低压中心。1月份，亚欧大陆上形成巨大的蒙古—西伯利亚高压，太平洋上形成阿留申低压，风从高压中心向四周辐散，东亚部分形成西北风。同样的原理，7月份，亚欧大陆比同纬度的海洋气温高，气体受热膨胀上升，形成亚洲低压，太平洋上形成夏威夷高压。气体从高压中心流出，在地转偏向力和摩擦力的共同作用下形成东亚的夏季风——东南季风。

海陆热力性质的差异形成了东亚的冬季风和夏季风。夏季风从海上吹来，带来丰沛的水汽，才有了这里的季风气候和茂密的植被，才有了前面说到的“回归沙漠带上的绿洲”。

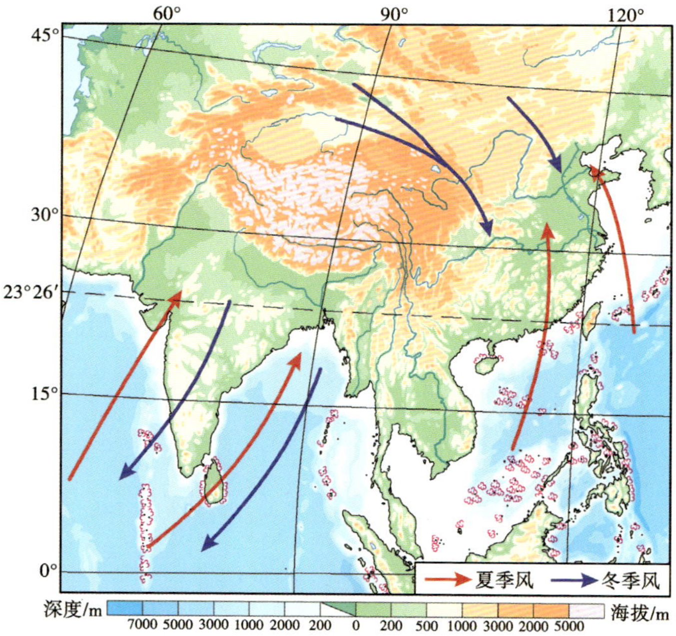

亚欧大陆冬季风、夏季风示意图

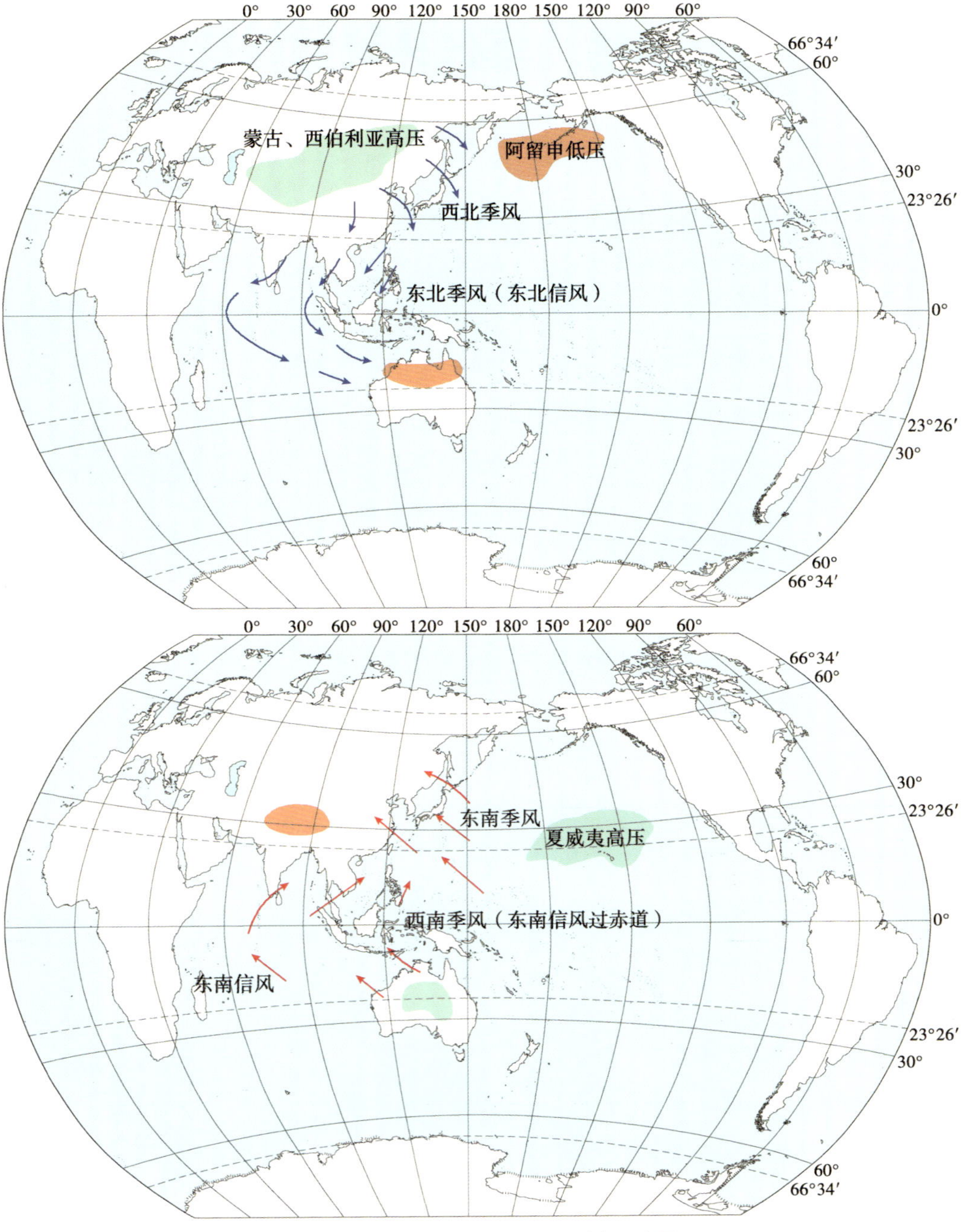

世界局部地区冬季、夏季气压和季风分布示意图

3 俄罗斯的气候

冬季莫斯科

亚欧大陆的中心距海遥远，湿润气流难以到达，形成温带大陆性气候。欧洲西部常年受盛行西风和北大西洋暖流的影响，因此尽管有的地方与俄罗斯纬度相当，但气候依然常年温和多雨。而俄罗斯东西最长达9 000千米，越往东去，受温暖湿润的盛行西风和暖流的影响越小，其气候的大陆性越强。所以，冬季严寒漫长、夏季温暖短促的气候特点就形成了。

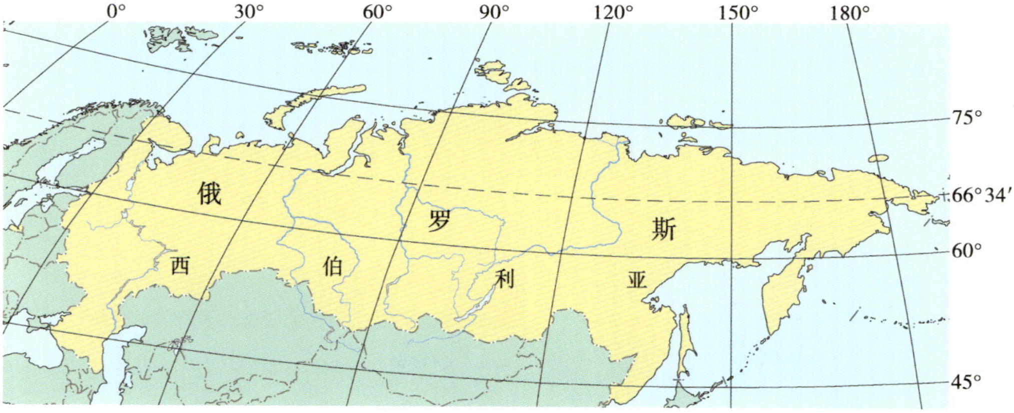

俄罗斯位置

指南针

4 锋与天气

其实，大气中经常发生的阴、晴、风、雨、雪等天气现象，都与天气系统的活动密切相关，“锋”就是一种常见的天气系统，它是冷暖两种性质不同的气团相遇形成的，它们的交界面就叫锋面。锋面与地面相交的线叫作锋线。一般，我们把锋面和锋线合起来，统称为锋。锋面总是自地面向高空冷气团一侧倾斜。由于锋面两侧空气的温度、湿度、气压等都有明显差别，所以锋面附近气流不稳定，天气变化剧烈，常伴有一系列的降水、多云、大风等天气。在锋面移动过程中，根据冷暖气团所占的主次地位不同，可以将锋分为冷锋、暖锋、准静止锋等。帮助日本成功偷袭珍珠港的冷锋，就是冷气团主动向暖气团方向移动所形成的锋，这时候，较重的冷气团会插到暖气团下，迫使暖气团上升，暖气团在上升的过程中逐渐冷却，其中的水汽便容易凝结成云，正好掩盖了飞机的行踪。如果水汽较多，那么便

冷锋

暖锋

锋面示意图

可能会带来雨雪天气。移动较快的冷锋还常常会带来强劲的大风。冷锋过境后，冷气团替代了原来暖气团的位置，于是，气压升高，气温降低，好天气便又回来了。

冷锋在我国一年四季都有，下半年更常见。反过来，暖锋是暖气团主动向冷气团方向移动所形成的锋，暖气团沿着冷气团徐徐爬升，连续性降水或大雾天气就出现了。暖锋过境后，气压下降，气温上升，天气转晴。暖锋在我国东北地区和长江中下游地区活动较为频繁。如果冷暖气团势力相当，或者锋面移动过程中遇到了大的地形障碍，这时，锋面将何去何从呢？在这种情况下，锋面会不稳定地来回摆动，我们叫它“准静止锋”。我国长江中下游初夏一个月左右的阴雨天气（俗称“梅雨”）就是准静止锋造成的。唐时，“清明时节雨纷纷，路上行人欲断魂”，贵阳冬季“天无三日晴”写的也是这样的天气。

江南“梅雨”

指南针

5 日本人顶礼膜拜的“神风”

其实，传说中日本人顶礼膜拜的“神风”就是我们熟悉的台风。在解释台风的形成原理之前，我们要先来了解两个新的概念：气旋和反气旋。气旋是中心气压低，四周气压高的大气水平旋涡。在我们居住的北半球，气旋区域内的空气呈逆时针方向流动，南半球则相反。在低空，气流从四面八方流入气旋中心，使中心的空气被迫上升。当气流升至高空后，中心的空气又向四周流出，从而形成了一个低空辐合、高空辐散的环流系统，气旋也就随之形成和发展。在西北太平洋上，如果热带气旋中心附近的最大风力达到了12级，它就是台风了。这么强劲的风力，所到之处当然破坏力惊人，元世祖忽必烈不重视天气对战争的影响，总是在台风多发的季节进攻日本，吞下惨败的苦果便也不奇怪了。气旋的“孪生兄弟”反气旋则有着完全相反的形成原理，反气旋的中心气压高，四周气压低。在低空，气流从反气旋中心向外流出；在高空，气流则不断从四周流入中心，形成了一个低空辐散、高空辐合的环流系统。反气旋区域内的空气在北半球作顺时针方向流动，南半球则相反。虽然反气旋不会形成台风，可如果是从西伯利亚来的冷性反气旋，则有可能使我国气温在24小时内下降10℃以上，最低气温甚至降到5℃以下，这就是经常带来暴风雪的寒潮。

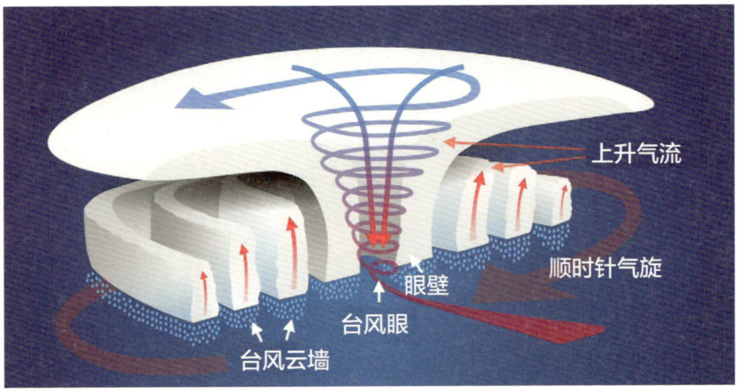

台风生成示意图

台风

指南针

6 全球气候分布

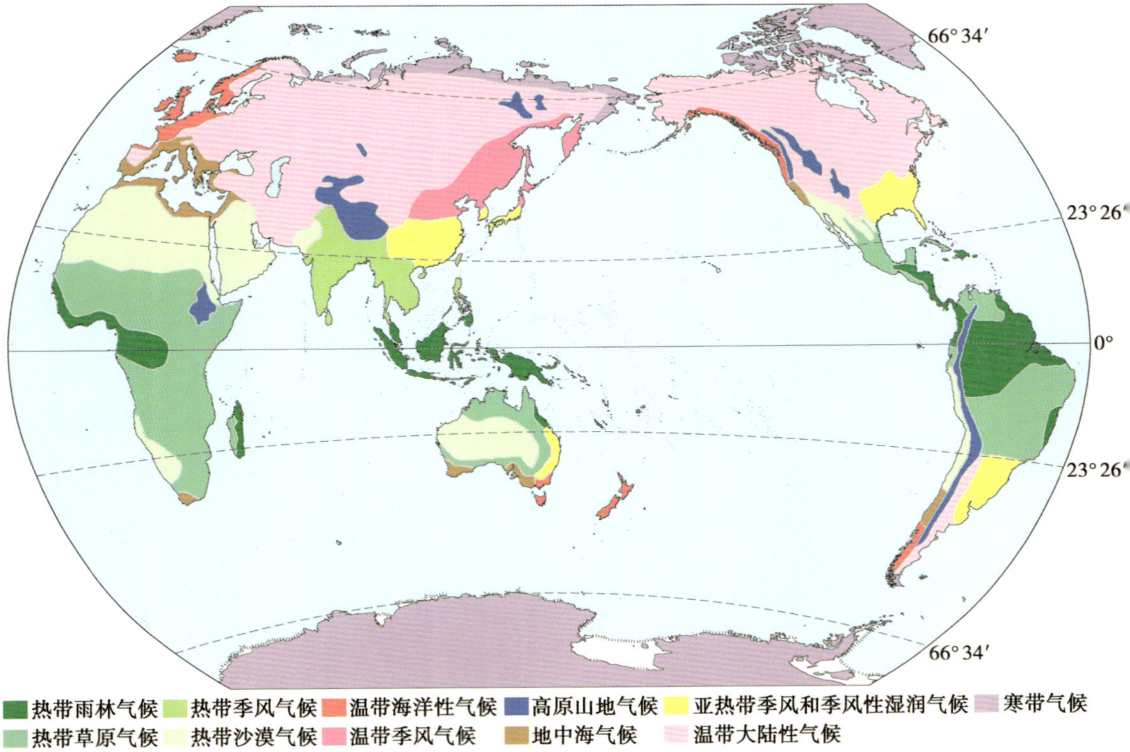

世界气候分布示意图

思维迁移

1 美国进攻越南为何选择冬季？

20 世纪 60 年代美国与越南的战争中，美国对越南发动大规模地面进攻一般选择在 1 月。这是出于哪方面的考虑？古今中外的战争中，还有哪些战争时机的选择与季节有关？

冬季的湄公河

思维迁移

2 伊拉克的战争时刻表与天气有关吗？

《孙子兵法》中有“知天知地，胜乃不穷”的名句，西方则有“天气不是朋友，就是敌人”的名言。美国在第一次海湾战争中，科学分析了海湾地区的气候特点，选择了有利于多国部队作战的时机，取得了战争的胜利。美国选择的作战时间是冬季。为什么伊拉克的气候有利于冬季作战？

在海湾战争中，由于受天气影响，美军有时不得不停止夜袭，怕不能识别敌我目标而造成误伤。据统计，在“沙漠风暴”行动中，美军约有 39% 的误伤是由于目标识别错误造成的。伊拉克的哪些气候特点可能使美军的高科技武器不能正确识别目标？

海湾战争中的战机

沙尘暴

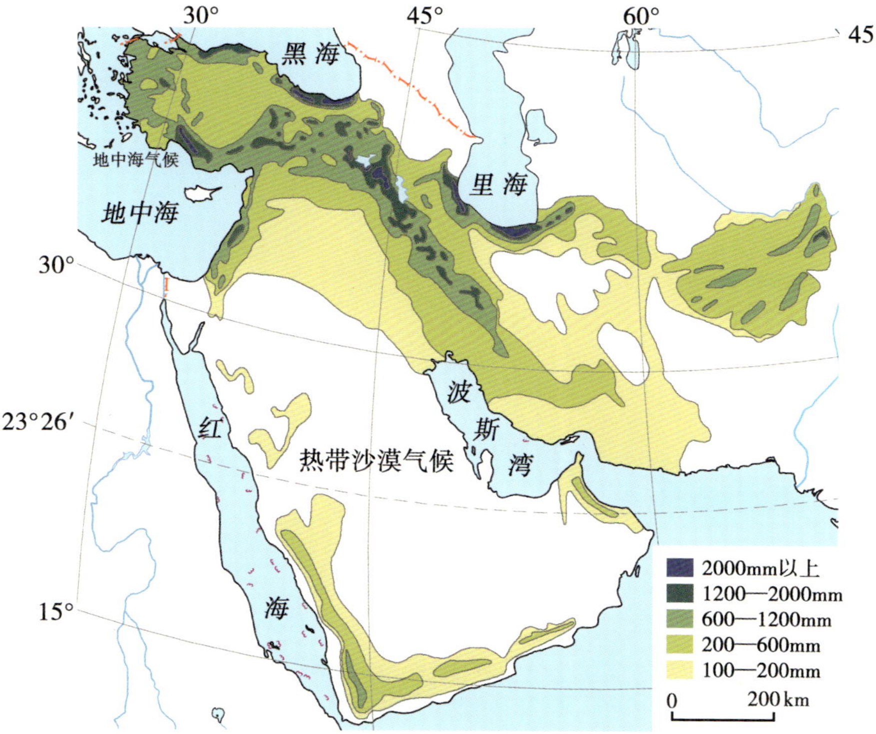

世界局部地区降水量示意图

神奇的洋流

历史故事

神风特攻队的由来　顺风顺水　下西洋大约在冬季

1 郑和下西洋为什么总是冬季出发？

明朝初期，中国历史上出现了一位了不起的人物，他七下西洋，足迹远至今天的澳大利亚和西亚等地，他的航海活动达到了当时人类航海事业的顶峰。这位创造历史的大航海家就是郑和。每次出海，郑和率领的庞大船队都能安全返回，这样的返航成功率令世界称羡。要知道，这么好的航海成绩，就连一个世纪之后才登场的欧洲航海家都很难取得。出生在 15 世纪下半叶的葡萄牙航海家达·伽马在进行新航路的开辟时，他所率领的船队每次航行归来都死伤过半。太平洋的命名者麦哲伦则更惨，在进行环球航行时，他带着 5 艘大船、200 多名船员出发，威风凛凛。但到了最终返回的时候，只剩下了

郑和下西洋

郑和下西洋线路示意图

可怜的 18 人，就连他本人也在途中遇难。

按照常理推测，百年之后的航海科技应该有所进步，可为什么返航率却反而不及前人郑和呢？难道欧洲的航海技术如此落后？根据史实记载，郑和的出发时间几乎每一次都选在冬季，而且在到达苏门答腊岛之后一定要停下航程，等到下一年的冬季才会重新起航，通过马六甲海峡和印度洋。而他返航的时间则选择夏季，所以每次航行历时都在两年左右。这样的安排看起来似乎有点浪费时间，这位传奇航海家等待的到底是什么呢？

郑和船队的九桅帆船

历史故事

2 哥伦布第二次去美洲大陆时，为何改成更远的航线？

哥伦布，这位美洲大陆的发现者第二次去美洲的航线与第一次不同，而第二次的航期比第一次短。为什么第一次航行路线短却耗时长，而第二次航行路线长，耗时反而缩短了近一半呢？

哥伦布

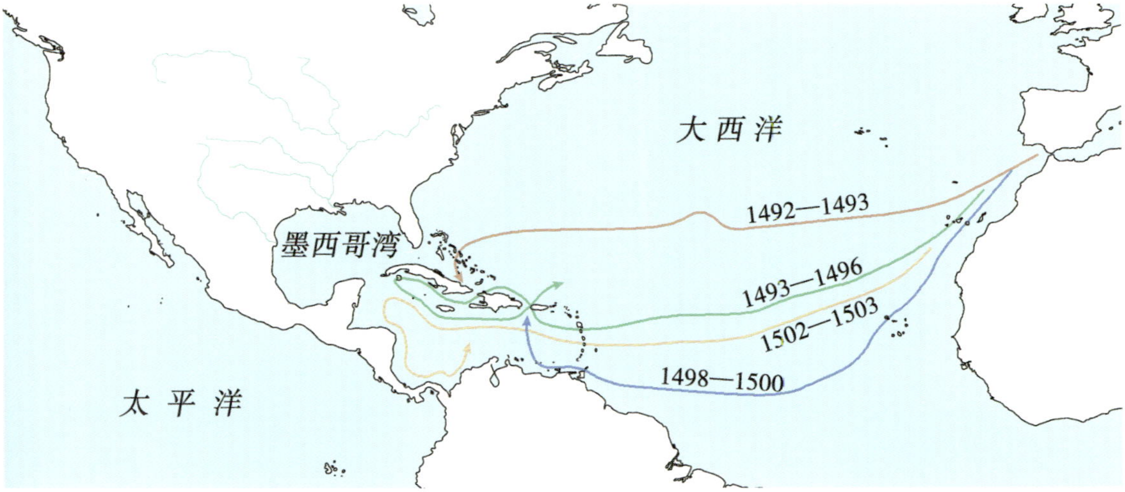

哥伦布 4 次航行的线路图

哥伦布首次美洲航行

历史故事

3 德军潜艇怎么做到“神不知鬼不觉”的？

对洋流知识的合理运用，让郑和的船队安然返航。几百年后，这个神秘的力量却让二战中的英法联军叫苦连天。在第二次世界大战期间，德军潜艇经常从地中海潜入直布罗陀海峡，在大西洋上袭击英法战舰和补给船，给英法军队造成了巨大的损失。在这种被动的局面下，英法军队急忙在海峡周边装设监听声呐，他们计划只要听到潜艇的马达声，便用深水炸弹将其炸毁。可是，让英法指挥官始料未及的是，声呐监听多日毫无结果，德军潜艇竟然能够神不知鬼不觉地渡过直布罗陀海峡。

无声潜行在当时还是个可望而不可即的技术，那么德国军队的潜艇到底是如何躲过监听声呐的呢？

繁忙的直布罗陀海峡

直布罗陀海峡鸟瞰图

指南针

1 全球表层大洋环流分布

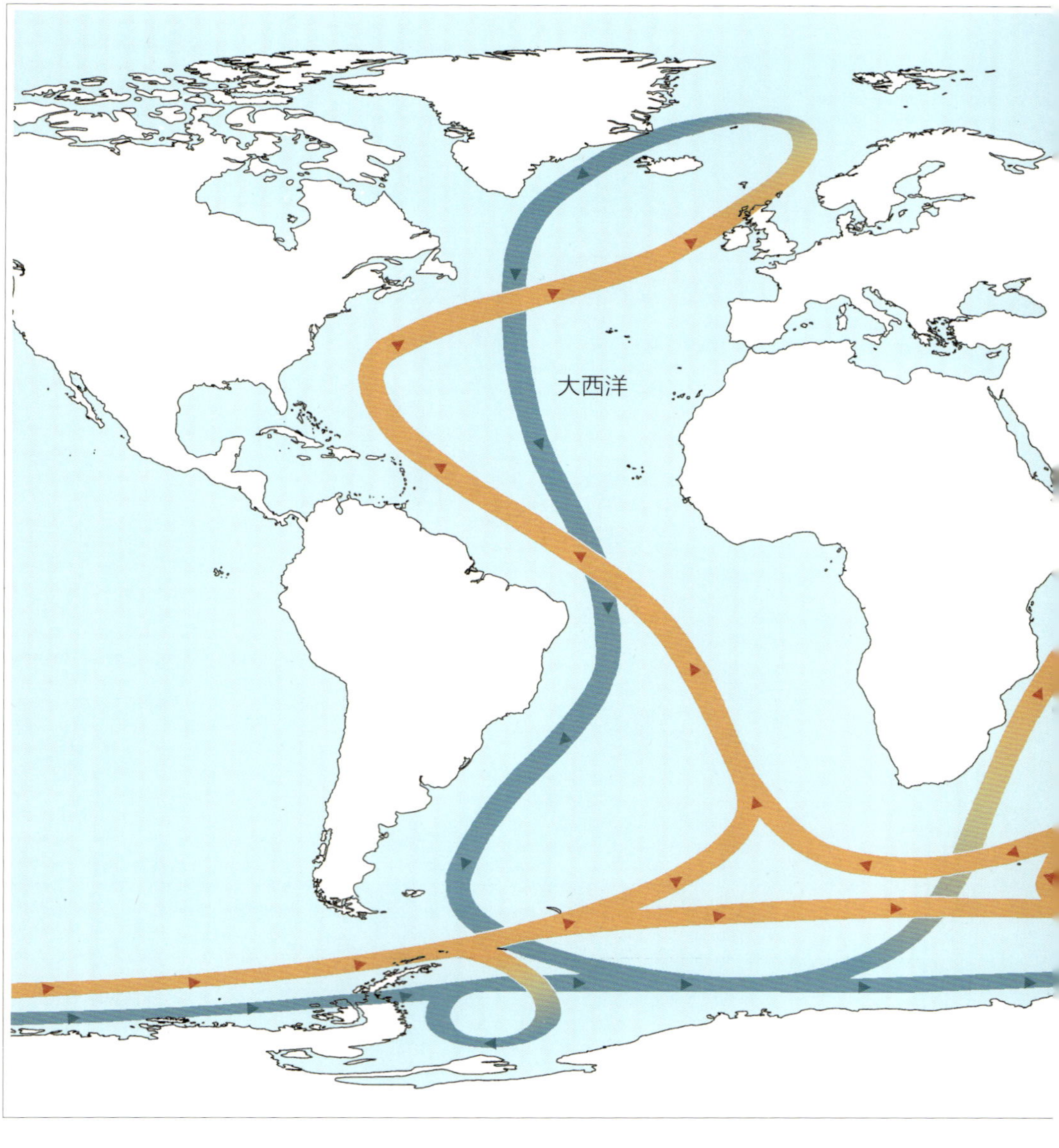

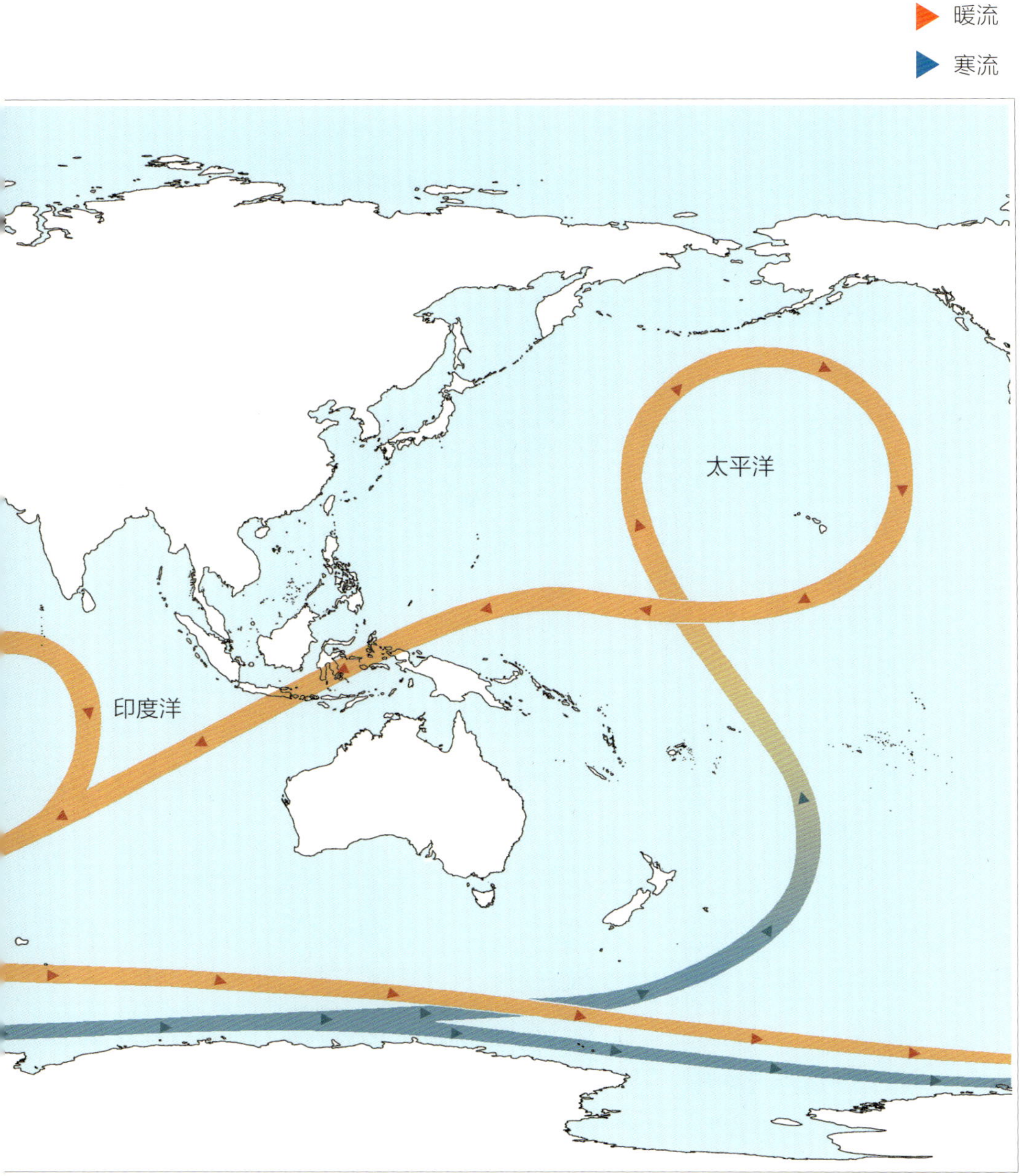

全球表层大洋环流分布

2 风海流

风海流是由于盛行风的吹拂而形成的洋流。在南北半球中低纬度地区，受信风影响，形成南赤道暖流和北赤道暖流；在中纬度地区，受盛行西风影响，形成西风漂流。然后再由于补偿作用，形成大致呈南北走向的四支洋流。

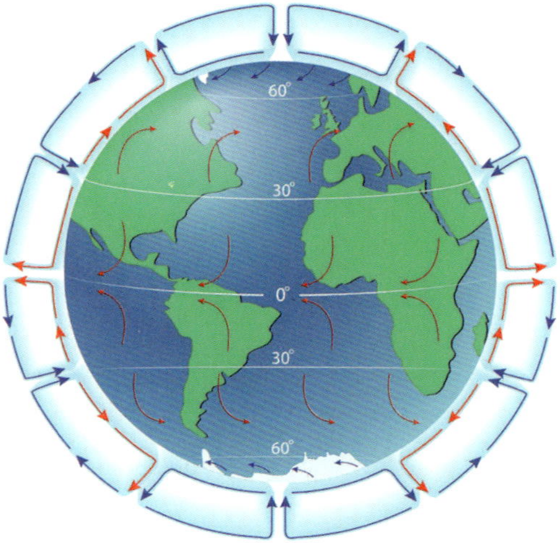

风海流示意图

当然，实际影响洋流流向的因素还有很多，比如大陆轮廓、地转偏向力等。在北半球，陆地把海洋隔开，西风漂流一分为二，北太平洋的西风漂流叫北太平洋暖流，在北大西洋的则被称为北大西洋暖流。而南北向的补偿流在北大西洋中的名字是加那利寒流和墨西哥湾暖流。

了解了洋流的分布，大家就会恍然大悟，哥伦布第一次去美洲是逆着北大西洋暖流航行的。逆风逆流，一路艰辛，花的时间自然比较长。而第二次去美洲是顺着加那利寒流和北赤道暖流航行的，顺风顺流，轻松了不少，所以航行时间缩短。此后，欧洲人去美洲时大多沿这条航线航行，既缩短了航行的时间、节约了大量燃料，也大大降低了事故发生的概率。

其实，黑奴三角贸易的航线选择也和洋流分布有关。殖民者首先用运奴船装着大量劣质商品，从欧洲港口出发，到达非洲，这叫“出程”。奴隶贩子到达非洲后，用这些在欧洲根本卖不上价钱的商品和黑人部落的酋长做起了奴隶生意。狡猾的奴隶贩子挑拨离间、威逼利诱，一批批年轻力壮的黑人就像商品一般被奴隶贩子“买”了回来。

运奴船

接着，满载黑人的运奴船沿着中央航路横渡大西洋，到达美洲，这叫“中程”。中美洲及西印度群岛属于热带雨林气候，终年高温多雨，适合甘蔗的生长。适宜的气候，加上黑奴在种植园园主的压迫下拼命劳作，当地的种植园迅速发展起来，种植园园主也获得了大量的糖、烟草、茶叶等原料，一夜

运奴船到达美洲后装载货物

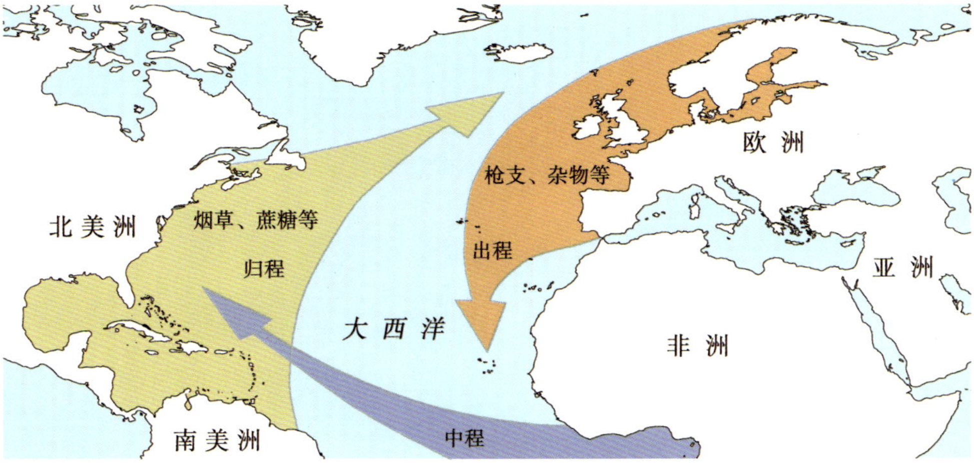

黑奴三角贸易示意图

暴富。在发展种植园经济的同时，殖民者还对美洲富藏的金银贵金属进行大量开采和掠夺。就这样，一艘艘大船满载着金银珠宝和大量农产品，浩浩荡荡返回欧洲，这就是黑奴贸易的最后一段——“归程”。这三条航线在长达400年的时光里，让非洲失去了近1亿的精壮劳力！机关算尽的黑奴三角贸易，还是和大西洋中的几条重要洋流有关，“出程”利用的是加那利寒流，“中程”顺流而下利用的是北赤道暖流和墨西哥湾暖流，“归程”依赖的则是北大西洋暖流。

3 季风洋流

在海陆热力性质差异等因素的影响下，东亚和南亚都形成了季风，季风洋流就是在季风的影响下形成的。东亚地区夏季吹东南风，冬季则吹西北风，西北风势力较为强劲，所以在寒冷的冬季，我国东部近海会形成沿大陆轮廓南下的沿岸流。这样，郑和冬季出发时就可以顺水南下。

等到了苏门答腊，已经是春夏季节，此时南亚盛行西南季风，北印度洋海水顺时针流动，轮船

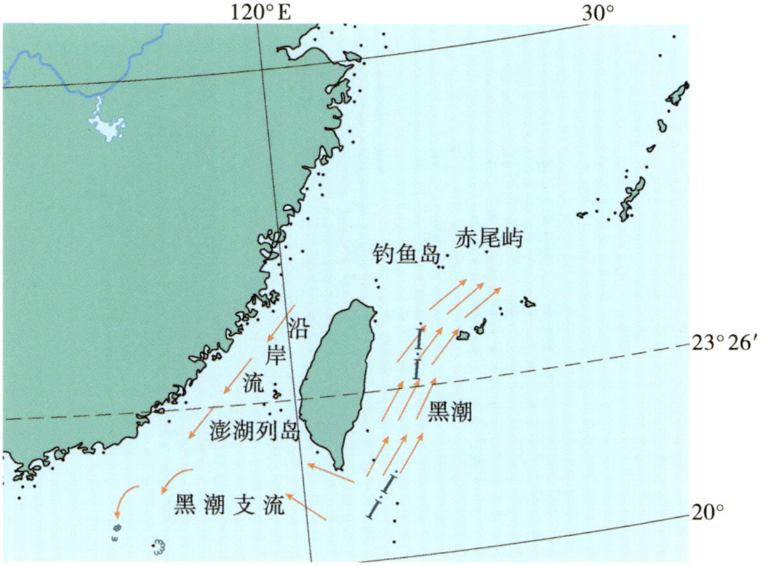

台湾岛附近海域冬季洋流示意图

郑和船队出发

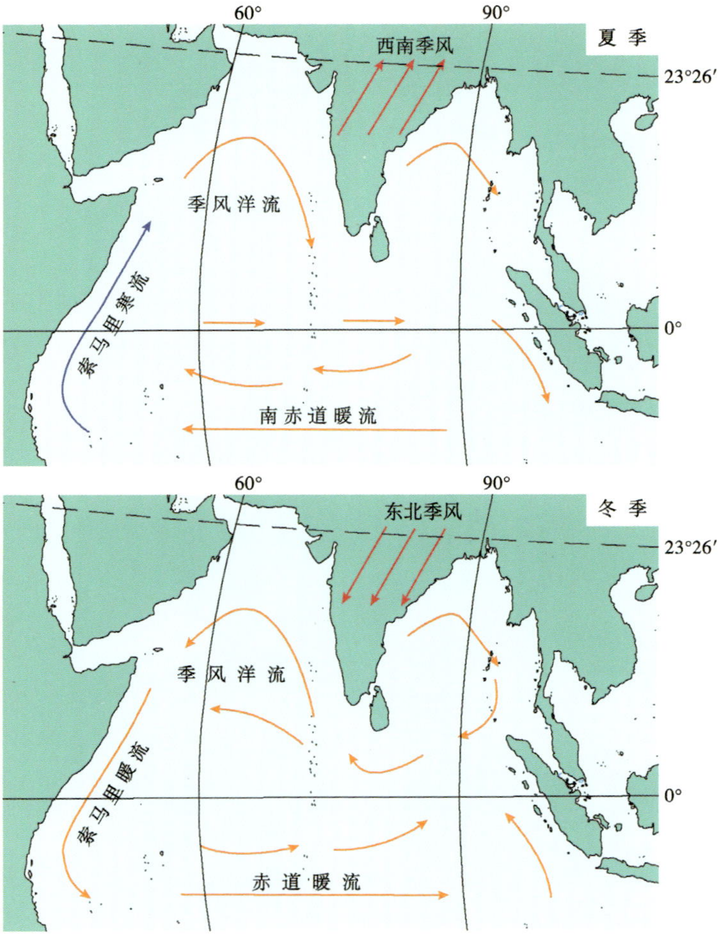

印度洋洋流分布示意图

需要靠近沿海以便及时进行物资补给。这个时候，如果强行经过海域则是逆风逆水，对船队不利。所以郑和选择等到冬季，北印度洋海水逆时针流动时再起航。这样一来，船只顺风顺水，不仅航行速度大幅加快，运输安全也能得到更好的保障。船队返回时，情况则刚好相反。

需要注意的是，尽管季风在东亚最为典型，但东亚濒临的太平洋并没有形成明显的季风洋流。因为太平洋实在太大了，东亚季风的影响范围有限，影响太平洋的主要还是三圈环流中风带的影响。而南亚所濒临的北印度洋面积较小，海域也相对封闭，所以这里形成的是典型的季风洋流。

4 密度流和补偿流

世界大洋虽连为一体，但不同海域的水温、盐度等许多方面依然存在差异。在地中海和大西洋之间，地中海夏季高温少雨，海水蒸发旺盛，盐度高，海水密度大，海平面稍低于大西洋。这样表层海水在重力作用下，就会从大西洋流入地中海，深层海水受密度影响，由地中海流入大西洋。这样形成的洋流我们就叫它“密度流”。德军潜艇之所以能够神出鬼没地通过地中海，就是因为他们先是在地中海潜入海水深处，然后关闭发动机，利用深层密度流，顺利通过直布罗陀海峡。由于关闭了发动机，英法军队的声呐当然就监听不到了。

密度流常常存在于盐度不同的海域之间，比如曼德海峡两侧、苏伊士运河两侧等。

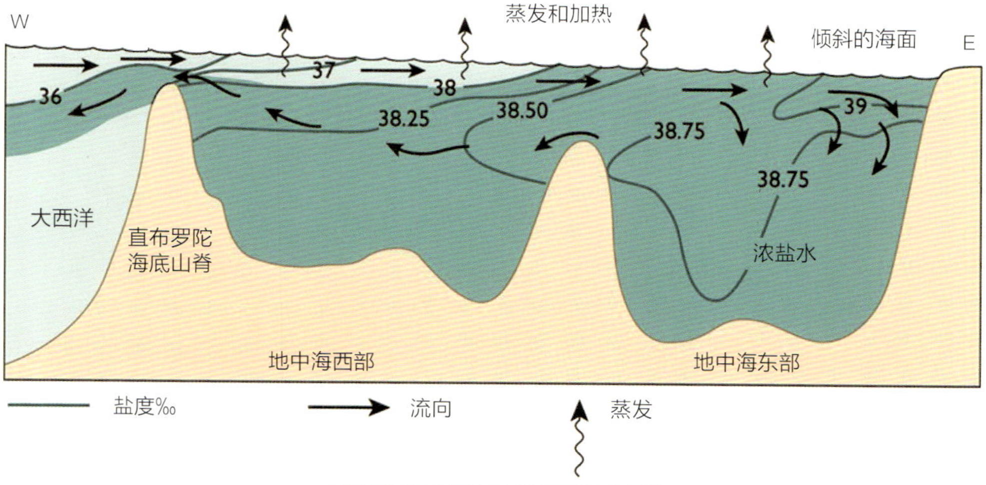

大西洋和地中海水域海水运动示意图

思维迁移

1 诺曼底登陆为何选在夏季？

诺曼底登陆是第二次世界大战中盟军在欧洲西线战场发起的一场大规模攻势。1944 年 6 月，接近 300 万士兵渡过英吉利海峡前往法国诺曼底。诺曼底战役是目前为止世界上最大的一次海上登陆作战，它使美英军队重返欧洲大陆，使第二次世界大战的战略态势发生了根本性变化。

诺曼底登陆为何选择在夏季？

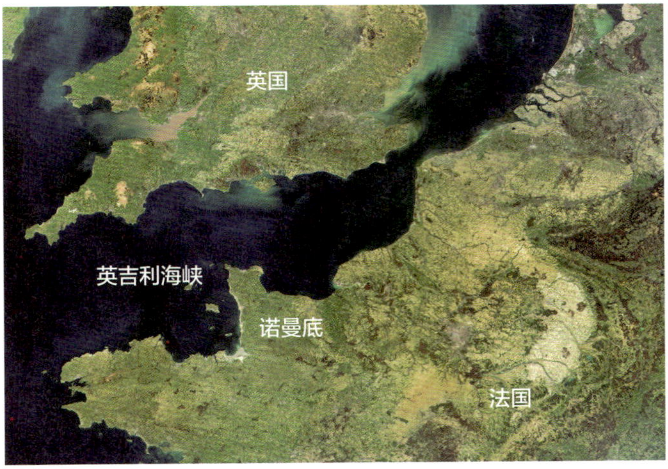

英吉利海峡卫星地图

诺曼底登陆

思维迁移

2 泰坦尼克号为何遭遇冰山？

泰坦尼克号是一艘游轮，也是当时最大的客运轮船。在处女航中，泰坦尼克号从英国南部出发，途经法国以及爱尔兰，计划中的目的地为美国纽约，

泰坦尼克号航线

泰坦尼克号撞上冰山

途中沉没。

泰坦尼克号于 1912 年 4 月 10 日出发，4 月 14 日晚上，接到附近很多船只发来的冰情通报，船长命令瞭望员仔细观察。11 点 40 分，瞭望员发现远处有“两张桌子大小”的一块黑影，以很快的速度变大。他抓起电话：“正前方有冰山！”

泰坦尼克号和冰山发生了碰撞。当时船上的乘客和船员有人以为遇上了大浪，有人以为是触礁了，还有人以为是螺旋桨发生了故障。但是下面船舱的乘客感受到的震动要剧烈得多。有的乘客看到了舷窗外擦身而过的乳白色冰山。有些碰掉的冰块掉到了船舱里。底层舱的乘客发现海水正漫过门缝。船很快停了下来，在检查过所有水密舱之后，船只的总设计师告诉船长这艘船已经没救了。

这里的冰山是从哪里来的？

全球还有哪些区域会有类似的冰山？

沧海桑田的秘密

历史故事

沧海桑田的秘密（上）　沧海桑田的秘密（下）

1 青藏高原上为什么会出现海洋生物化石？

青藏高原的平均海拔在 4 000 米以上，是中国最大、世界海拔最高的高原，也是中华文明的发祥地之一。巍峨雄伟的山脉、连绵起伏的雪山、奔腾不息的江河，还有星罗棋布的高山湖泊，青藏高原独特的地理环境，塑造了千姿百态的高原美景，也孕育出了独特神秘的雪域文化。而实际上，青藏高原也是令科学家们着迷的科考圣地，地质学家们更是把它看作是探索地球奥秘的金钥匙。

我国的科学家们曾经在海拔近 5 000 米的藏北高原得到过一个惊人的发现。在那里，他们挖出了 100 多块攀鲈化石，这些攀鲈随即被命名为“西藏

青藏高原

西藏始攀鲈化石

始攀鲈”。攀鲈属于鱼类，现代攀鲈主要分布在南亚、东南亚等热带地区的河湖边缘，或是沼泽水洼等水质不佳的水体里。为了适应这种特别的环境，攀鲈的鳃腔内演化出了结构如花朵一般的迷鳃，这使得攀鲈可以直接呼吸空气中的氧气，大大提高了族群的生存能力。这种特别的迷鳃也在西藏的始攀鲈标本中被发现了，这就告诉人们，青藏

始攀鲈

高原上发现的西藏始攀鲈和生活在南亚、东南亚的现代攀鲈是同根同源的一家人，西藏始攀鲈的生活环境同样温暖湿润。也就是说，严寒积雪的青藏高原腹地在几千万年前，气候竟然和今天的南亚、东南亚差不多！

其实，在发现西藏始攀鲈之前，人们早已在青藏高原发现了多种海洋生物化石，它们看上去貌不惊人，却见证了青藏高原的沧海桑田。这些化石都表明——在 5 亿年前，这里还是一片深海。

是什么因素造成了青藏高原的隆起？世界上还有哪些地方的成因与青藏高原类似？

历史故事

2 历史上，黄河为什么总是改道？

桀骜不驯的黄河

黄河干流全长约5464公里，是中国第二长河。它发源于青藏高原，自西向东分别流经青海、四川、甘肃、宁夏、内蒙古、陕西、山西、河南及山东9个省（自治区），最后流入渤海，在中国版图上画出了一个大大的“几”字。黄河是中华文明最主要的发源地，是中华儿女心中永远的“母亲河”。

黄河有母亲般温柔静谧的时刻，也有野兽般威猛善变的时候，历史上，它曾以“善淤、善决、善徙”而著称，素有“三年两决口，百年一改道”之说。以河南孟津为顶点，在北抵天津、南界淮河的这样一个大三角洲上，都是黄河改道迁徙的范围。

黄河改道

1938 年花园口决堤

黄河下游河道经历了从北到南，又从南到北的大摆动。其中决口、改道不计其数。仅在公元前 602 年至 1938 年间，黄河下游就决口 1 590 次，大规模改道多达 26 次。近代，国难与河患同作。黄河在 1841、1842、1843、1851 年发生了 4 次大溃决。最近一次是抗日战争时期，为阻止日军西侵郑州，蒋介石命令扒开郑州花园口黄河大堤，造成洪水以阻隔日军。华夏水患，黄河为大，黄河频繁地决堤改道，造成了数以万计的灾害，农田水利因此失修，无数人流离失所。在相当长的时间内，由于中国的政治、经济、文化中心一直在黄河流域，所以黄河改道给中华文明带来了巨大的影响。

黄河之所以易决口、易改道，泥沙大量堆积造成的堆积地貌是根本原因。不过，这些泥沙究竟来自哪里？为什么黄河之水不能将泥沙完全搬运入海，而是在中途堆积？

黄河三角洲

指南针

1 内力作用的形式及产生的地貌

地球内部是有能量的，这些能量来自地下深处放射性元素的衰变，能量积累到一定程度必然会释放出来，在什么地方释放呢？当然是在岩层薄弱的地方。什么地方岩层薄弱呢？答案是板块的交界处。所以，我们得先简单了解一下板块。地球的岩石圈被断裂构造带分为六大板块，分别是——亚欧板块、太平洋板块、美洲板块、非洲板块、印度洋板块、南极洲板块。在板块内部，地壳相对稳定，而在板块交界的地方，地壳运动就活跃多了，火山、地震等众多地质灾害都是拜它所赐。

青藏高原在5亿多年前原本是一片浅海，由于处在亚欧板块和印度洋板块的交界地带，地壳运动使得两个板块互相挤压和碰撞，使岩层不断隆起，终于形成今天的世界屋脊。这样相互挤压和碰撞的边界，叫作“消亡边界”。

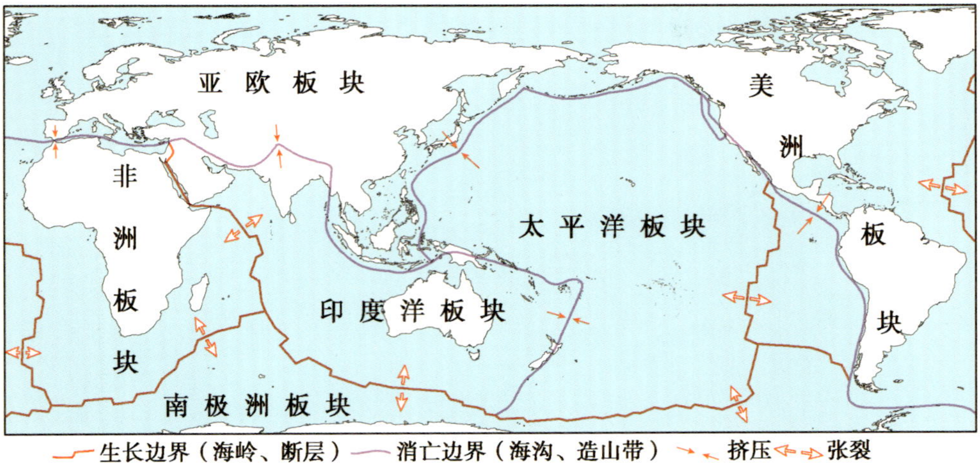

六大板块运动方向

消亡边界是山脉形成的重要内因，非洲板块和亚欧板块之间的阿尔卑斯山、纵贯美洲的科迪勒拉山系等的形成，也都是因为它们处在消亡边界。

与消亡边界相对的是生长边界。生长边界一般形成于板块张裂的地方，红海就是一个典型的例子。它处于印度洋板块和非洲板块的张裂边界上，所以它的面积正变得越来越大。与红海类似，大西洋的地下也睡着一条生长边界。可以想象，有朝一日大西洋很有可能超过太平洋，成为世界第一大洋。

当然，生长边界和消亡边界形成的地貌非常复杂，在这里我们只是列举了最主要的地貌类型，还有一些并不像前面的例子那样简单，如海岭、海沟、海岸山脉、岛弧链、裂谷等，其成因也都和板块运动有关。

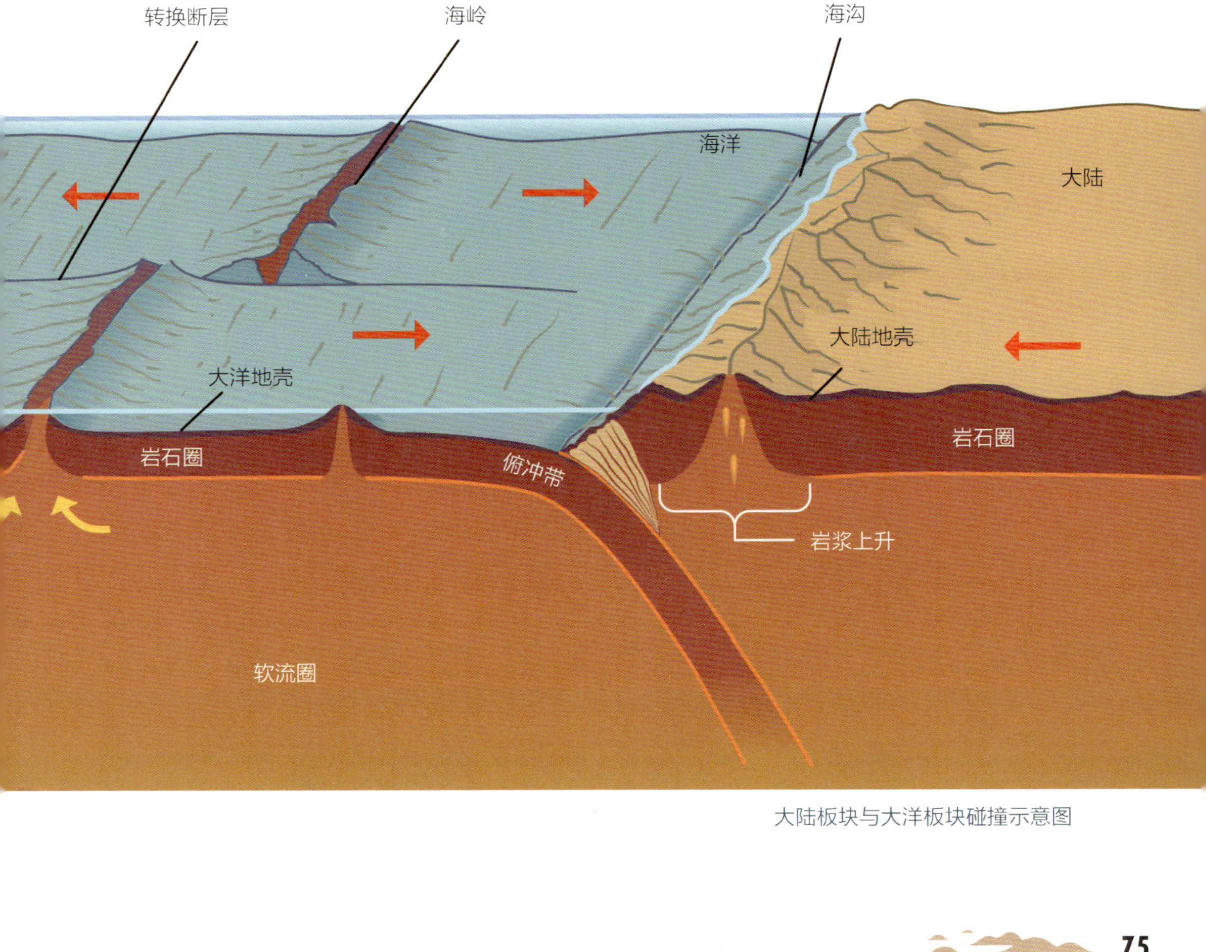

大陆板块与大洋板块碰撞示意图

2 外力作用的形式及形成的地貌

实际上，黄河在经过黄土高原之前一点都不黄，有些河段还相当清澈，如流经四川省阿坝藏族羌族自治州若尔盖县唐克镇的黄河河段水质就相当好。不过，当黄河流经黄土高原时，情况就完全不一样了。黄土高原的土质本来就很疏松，再加上它地处我国地势三级阶梯中的第二、三级阶梯的交界处，所以流到此处的河水流速快、冲刷力强，大量的沙土就随着黄河一起顺流而下，

黄河流经黄土高原

真正的“Yellow River”也就形成了。由此可见，流水的侵蚀和搬运作用是黄河泥沙含量大的主因。

开封柳园口

到了下游地区，地势变得平坦，河水流速减慢，搬运能力也随之变差，河水中的泥沙便逐渐堆积了下来。河道淤积，河水被迫抬高，为了约束河水，人们只好加高河堤，年长日久，河床高出两岸地面，成为地上河。我国最高的地上河是黄河流经开封的一段，位于开封市北 10 千米处黄河南岸的柳园口，这里河面宽 8 000 米，

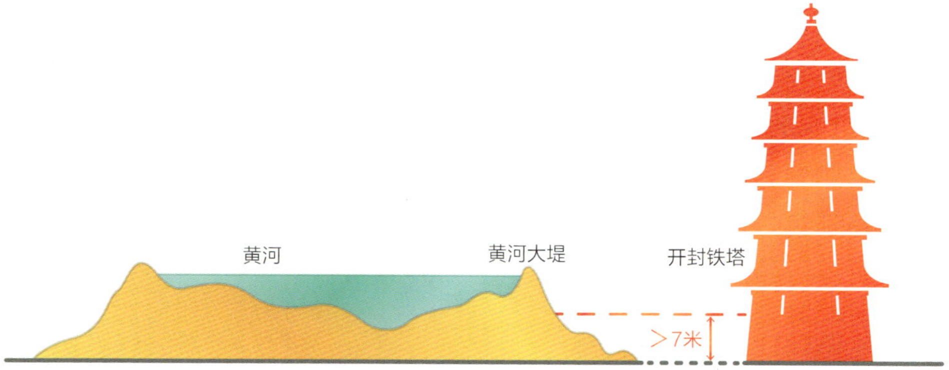

“悬河”示意图

大堤高约 15 米。由于黄河流出邙山后，进入平原，落差骤然变小，泥沙大量沉积，致使开封段的黄河河床以每年 10 厘米的速度增高，日积月累，此处的河床已高出开封市区地平面 7 ～ 8 米，最高处达 10 米以上。随着泥沙的不断淤积，河床的不断抬升，两岸大堤也日渐增高。因黄河被两岸大堤夹护着从开封城北高处流过，形似天河，故将这种人工奇观称为“悬河”。

不难看出，黄河“善淤、善决、善徙”的特点与流水对泥沙的侵蚀、搬运、堆积作用息息相关，流水之所以具有这些作用是因为流水具有速度和力量，

冰川作用形成的地貌

这些能量来源于太阳辐射和重力。我们将这些来自地球外部的力量叫作外力。它们对地表形态施加的作用，叫作外力作用。实施外力作用的主体不仅有流水，还有风力、冰川、海浪、生物等。它们通过风化、侵蚀、搬运、堆积，不断地对地表进行精雕细刻，使高处变低，低处填高。它们造就了沙漠中的风蚀城堡、黄土高原的千沟万壑以及冰角斗峰等数不清的自然奇观。

“风蚀蘑菇”

海蚀景观

思维迁移

庞贝古城为何一夜间消失？

公元前 8 世纪，地中海边的一个小渔村凭借天然良港的地理优势，逐渐发展壮大起来，成为当时世界的第二大城市，它就是庞贝。

庞贝的好日子仅仅过到公元 62 年 2 月 8 日。在那一天，一次强烈的地震突袭了这里，众多建筑物轰然毁塌，庞贝城的居民也死伤无数。地震过后，坚强的庞贝人一砖一瓦地开始了城市的重建。然而还没等庞贝从大地震中复苏过来，灾难又在公元 79 年 8 月 24 日这一天再度降临——一座名叫维苏威的火山突然爆发。瞬息之间，浓浓的黑烟夹杂着滚烫的火山灰铺天盖地向庞贝扑来，空气中满是令人窒息的硫黄味。很快，厚达 5.6 米的火山灰就毫不留情地将庞贝从地球上抹掉了。为什么灾难会接连降临到这个美丽繁华的城市呢？难道和来自地球内部的神秘力量有关吗？

维苏威火山远眺

维苏威火山爆发摧毁庞贝城

维苏威火山下的庞贝城遗址

失落的文明

历史故事

非洲的抵抗力　失落的文明

1 面对殖民入侵，为什么非洲更有“抵抗力”？

非洲是世界面积第二大洲，同时也是人口第二大洲。在非洲大陆上，海拔在500~1 000米的高原占非洲面积的60%以上，所以非洲又有“高原大陆”之称。同时，它还是世界古人类和古文明的发源地之一，埃及是世界四大文明古国之一。至今还巍然屹立在尼罗河畔附近的金字

非洲地形

塔和狮身人面像就是古埃及人民在4 000多年前的杰作，是人类建筑史上的奇迹。到了大航海时代，欧洲殖民者对非洲的瓜分比入侵其他大洲更加曲折。

1415年，葡萄牙就侵占了摩洛哥北部，之后葡萄牙又侵占了非洲东西海岸的一些地区。16世纪下半期，荷、英、法等国也步葡萄牙后尘，先后介入非洲，抢占据点。但是直到1876年，欧洲国家花了400多年才仅仅侵占了非洲土地面积的10.08%，而地点也主要集中于沿海和近海岛屿。要知道，同一时期，大洋洲百分之百被完全占领，亚洲过半领土被侵占。

那么问题来了，非洲到底是凭借什么抵抗西方殖民者的入侵呢？

东非大草原

历史故事

2 黄土高原也曾经水草丰美，你信吗？

黄土高原海拔 800~3 000 米，是地球上分布最集中且面积最大的黄土区，总面积约 64 万平方千米，横跨青、甘、宁、内蒙古、陕、晋、豫 7 省区，地势由西北向东南倾斜。除许多石质山地外，高原大部分为厚层黄土覆盖，经流水长期强烈侵蚀，逐渐形成千沟万壑、地形支离破碎的特殊自然景观。地貌起伏，山地、丘陵、平原与宽阔谷地并存，四周为山系所环绕，如北部的阴山、南部的秦岭、东部的吕梁山、西部的六盘山。黄土高原面积广阔，土层深厚，

黄土高原地貌

地貌复杂，水土流失严重，世所罕见。但如果告诉你，黄土高原也曾水草丰美，你相信吗？

其实在几千年前，黄土高原完全不是千沟万壑、黄土飞扬的样子，根据考古学家的发现，关中地区的几处遗址都挖出了西周时期的鹿角，这说明当时的黄土高原生长着不少野生动物，自然生态系统也颇为宜居。

除了来自考古学的证据，我们还能从古代文学作品中找到线索，在《诗经·大雅·緜》里，有这样一篇描写周原的文章："周原膴膴，堇荼如饴"，译成现代文就是：周原肥沃又宽广，堇葵苦菜像饴糖。这其中的周原，原址就在黄土高原。《山海经》一书里，对黄土高原地区的天然植被和自然生态系统也有明确的记载。这样看来，古时候的黄土高原明明水草丰美，怎么会一步步变成现在这个样子呢？

原来，从汉代开始，越来越多的农业人口迁移到了自然条件优渥的黄土高原。大量的开垦和樵采，使黄土高原的植被遭到破坏。自北宋以后，黄土高原上的人口稳定增长，人们对植被的破坏也与日俱增。特别是明清时期，丘陵沟壑区的土地大部分被开垦，就像明代人庞尚鹏从离石到陕北沿途所见的那样："臣自永宁州渡河西入延绥，所至皆高山峭壁，横亘数百里，土人耕牧，锄山为田……"

不加节制的开垦，使得以草地和灌丛为主的自然植被遭到破坏，地面裸露的面积越来越大，从而引发了严重的水土流失和生态失调，黄土高原逐渐变成了今天这副苍凉的景象。那么，为什么破坏植被会造成如此惨重的后果？沟壑纵横、干旱缺水、贫穷落后，这和破坏植被之间，又有着怎样的关系呢？

人类活动下的黄土高原

指南针

1 自然地理环境的差异性

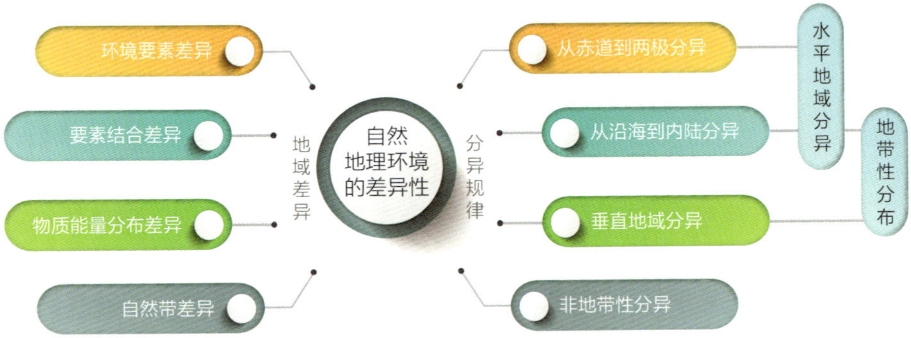

自然地理环境的差异性

从总体上看，全球范围的地理环境是一个整体，但是各地区又存在地域差异。地域差异在自然地理环境中是普遍存在的。陆地上不同的地区，由于所处的纬度位置、海陆位置互不相同，水热组合不同，形成不同的气候类型。不同的气候类型，又形成了与之相对应的植被类型和土壤类型。相应的气候、植被和土壤共同形成了具有一定宽度、呈带状分布的陆地自然带。

而非洲大陆的自然条件极为独特，撒哈拉以南的非洲高原面积广大，断裂地形广泛发育，这就使非洲河流多呈辐射状、多激流、多瀑布。从地形结构上来说不利于当地居民同外界以及彼此之间的文明交流，却也恰恰是阻挡外来入侵者的天然屏障。

气候方面，非洲素有“热带大陆”的别称，究其原因，看看非洲所处的纬度就知道了。非洲中部被赤道穿过，除了最北和最南端是地中海气候，其他绝大多数地区是热带沙漠气候和热带草原气候。葡萄牙、荷兰、英国、法国等国的侵略者来自纬度更高的地区，他们从未长期生活在炽热的阳光下，更无法忍受干旱的季节。

终年热量充沛，未受第四纪更新世冰川的影响，造成许多有害虫类和病菌在非洲异常活跃，直接威胁人类生存，这也使得欧洲殖民者非常不适应非洲的气候，伤亡率居高不下。由此可见，正是与欧洲迥异的气候、地形、生物特征，使非洲对殖民入侵有着特殊的抵抗力。

东非大裂谷

指南针

2 自然地理环境的整体性

自然地理环境具有整体性，组成这个整体的要素主要包括：地形、气候、水文、土壤、植被等，任何一个因子的变化都会牵一发而动全身。

自然环境要素

指南针

3 黄土高原水土流失的原因

黄土高原水土流失的原因分析

在所有的自然要素中，人类最容易施加影响的便是植被。森林的生态效益是巨大的，它既可以涵养水源、保持水土，还能防风固沙、固碳放氧，对维护生物多样性、调节气候也有不小的功劳。众木成林的过程可能要花上数百年。乱砍滥伐造成的后果往往非常惨重，比如前面所说的黄土高原，因为黄土疏松，夏季又暴雨频发，雨水很容易带走大量土壤。原本高原上挺立的森林就承担了水土卫士的角色，一旦遭到破坏，黄土高原就难逃水土流失的噩运了。

指南针

4 黄土高原水土流失的治理措施

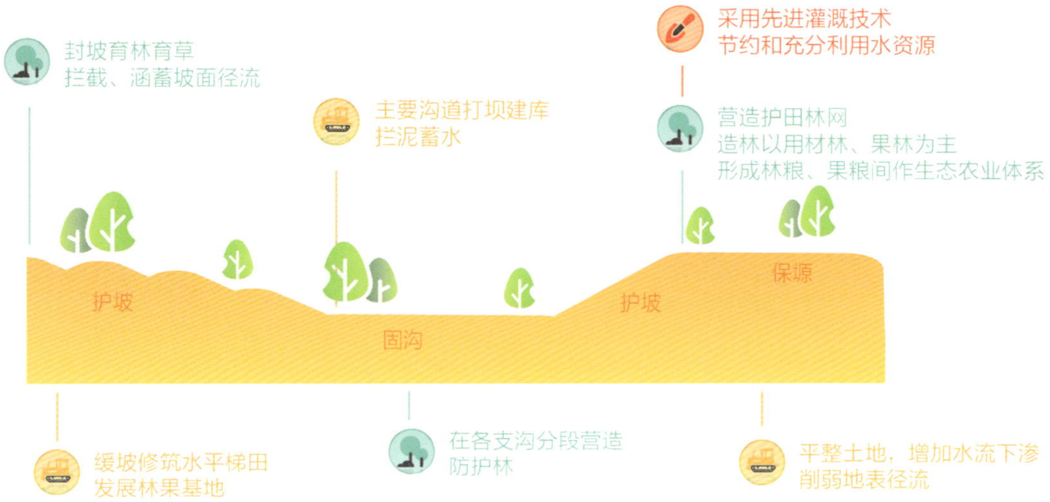

黄土高原水土流失的治理措施

治理后的黄土高原

思维迁移

1 为什么南美洲最先开发的不是亚马孙河流域？

16 世纪初，来自欧洲伊比利亚半岛的葡萄牙、西班牙殖民者开始入侵南美洲。葡萄牙侵占了巴西，西班牙统治了除巴西以外的南美广大地区。在入侵过程中，首先被占领的是阿根廷、巴西高原等地，亚马孙河流域直到后来才被开发。

为什么首先被开发的不是亚马孙河流域？南美洲各区域的自然环境有何差异？

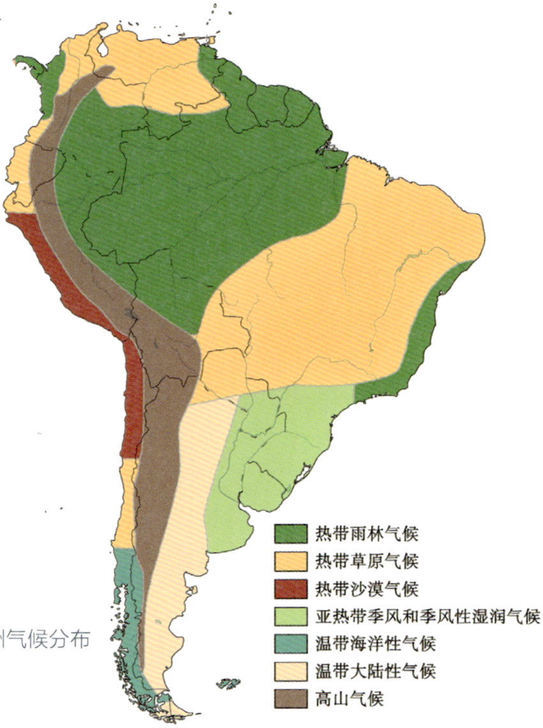

南美洲气候分布

亚马孙河流域

亚马孙雨林

思维迁移

2 楼兰古国消失的秘密

楼兰是我国西部的一个古代小国，位于罗布泊西部，曾经是丝绸之路上的重要驿站。这里水草丰美、树木苍翠，人们惬意而舒服地生活着。《汉书·西域传》记载："鄯善国，本名楼兰……地沙卤，少田，寄田仰谷旁国……多葭苇、柽柳、胡桐、白草。民随畜牧逐水草，有驴马，多橐它……"全盛时期的楼兰地势平坦、河湖密布，是植被茂密的绿洲。

而今天的楼兰是一座被淹埋在一望无际荒原之中的废墟古城，不要说繁茂，就连走近它都不是一件容易的事情。

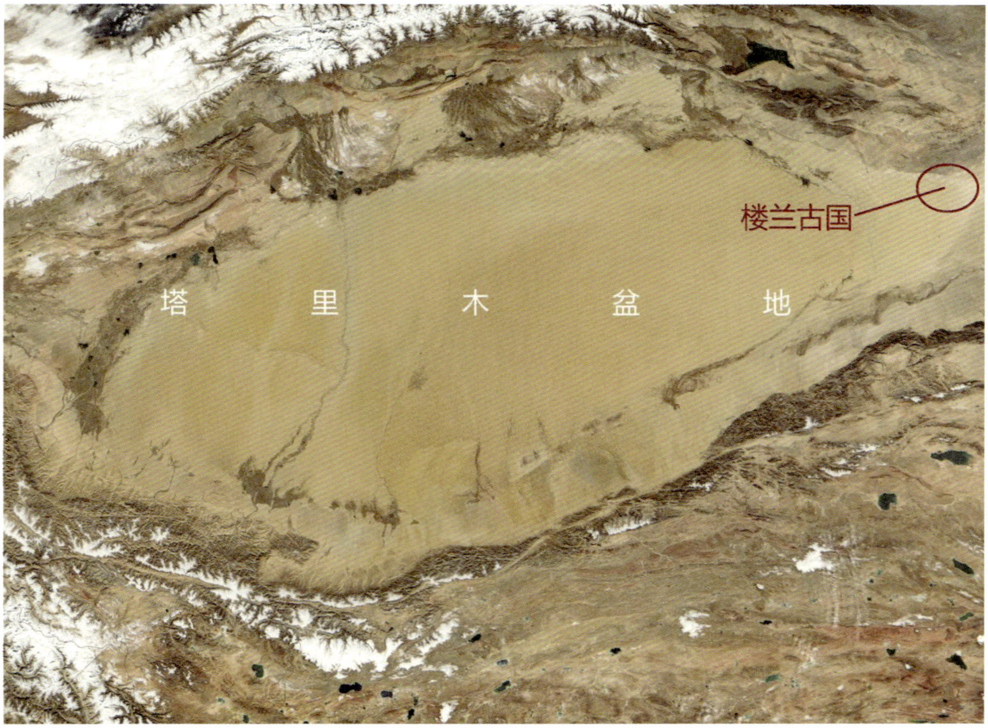

楼兰古国位置

楼兰古国遗址

一位西方哲人说过，当人类砍倒天然林中的第一棵大树的时候，文明就宣告开始了；而当人类砍倒最后一棵大树的时候，文明便宣告结束了。楼兰文明消亡的最重要教训，就是没有对这里生态环境的脆弱性有充分认识和采取相应对策，没有考虑生态环境的承受能力，盲目性发展超越了生态环境的承载力。

楼兰古国为什么变成了一堆废墟？

楼兰古国当时繁盛的原因可能是什么？

当时的人们有一些盲目的行为，这是导致古文明消失的原因之一，这些“盲目的行为”可能有哪些？

楼兰古国的消失对现代西北地区的聚落发展有什么启示？

"我"从哪里来

历史故事

“我”从哪里来　人口的烦恼

1 “我”从哪里来？

“问我祖先在何处，山西洪洞大槐树。祖先故居叫什么？大槐树下老鹳窝。”这一民谣在我国广大地区祖辈相传，家喻户晓。洪洞县位于山西省临汾市，历史悠久。据文献记载，唐贞观二年，这里建起了一座广济寺，规模宏大，殿宇巍峨，僧众济济，香客攘攘；再加上官府在此建有驿站，房舍宽广，环境幽雅。常驻驿官办理四方公差事务，显得热闹非凡。在广济寺旁，有一株“树身数围，荫遮数亩”的汉植大槐树，一条南北官道从树荫下通过，汾河上的老鹳成群成片在这里或飞翔或驻足觅食，老鹳们在树杈上构筑巢窝，星罗棋布，甚为壮观。

洪洞大槐树寻根祭祖园

到了元朝末年，中原大地水旱蝗疫连连，战乱频发，民不聊生，甚至出现了“春燕归来无栖处，赤地千里少人烟”的凄凉之地。然而神奇的是，山西洪洞县却仍旧保持着繁荣的景象。因为其所处的地理位置特殊，幸运地躲过了战乱，水旱蝗疫也很少波及，所以连年丰收，社会安定，经济繁荣，人丁兴旺。而且，不仅仅是洪洞县，它周边地区也同样欣欣向荣。

明朝建立以后，天下稍微安定，朱元璋采纳大臣的建议，开始了全国规模的大移民。移民的来源主要是洪洞县及其周围地区的流民和居民，规定弟兄 3 个必须移民 1 个，弟兄 5 个移民 3 个，弟兄 7 个移民 4 个，主要去向是今河北、河南、山东、安徽、陕西、甘肃、四川等地。从洪武年间到永乐年间，近 50 年内移民十多次，人数达百万，移民的时间之长、人数之多、范围之大世所罕见，旷古绝今。

在移民过程中，朝廷在洪洞县的广济寺设立移民机构，山西各地的移民要先到县城周围的村庄住下，然后按顺序到广济寺办理移民登记，发放“凭照川资”（介绍信和路费），从那里出发，按官方指派的方向，在官兵的监护下，分别迁往各地。移民在大槐树下与亲人挥泪告别，然后拖儿带女，扶老携幼，手拄柴棍，踽踽而行。

600 多年来，洪洞大槐树移民已经在全国各地繁衍生息，代代相传，有的已传至 24 世。全国的洪洞移民后裔有 2 亿人，即每 7 个中国人中就有 1 个是洪洞大槐树移民的后代，洪洞大槐树移民后裔遍及华夏，延绵海外。

从上述历史事件中可以看出，在我国古代，哪些因素引发了人口迁移？除此之外，影响人口迁移的因素还有哪些呢？和古代相比，现代的人口迁移情况又发生了什么新的变化呢？

历史故事

2 这些国家的人为什么不愿意生孩子？政府为什么鼓励生育？

俄罗斯："英雄母亲"

为了提高生育率，并保障儿童拥有幸福的家庭生活，俄罗斯制定了一系列优惠政策，其中包括各种各样的家庭补贴。家庭补贴包括孕妇和产妇一次性补贴、生孩子时补贴、孕妇健康优惠券、失业妇女补贴、在职妇女工资补助等。

其次，从 2007 年开始，俄罗斯还设立了"母亲基金"，生育或领养第二个及更多孩子的家庭可申请补贴，用于偿还房贷、翻修房屋、支付教育费用、进行养老金储蓄等。俄罗斯还设立了针对无家庭或者特殊状况儿童的一系列补贴，直到年满 18 周岁。例如，单亲子女补贴、多子女家庭补贴、残疾儿童补贴或家长残疾的儿童补贴。

此外，俄罗斯还设有各种各样的保险制度，确保儿童能够得到父母的陪伴。2010 年 12 月 8 日，俄罗斯颁布了《关于在临时无劳动能力和生育情况下的社会保险》，允许父母每年有最多 90 天假期照顾 7 岁以下的孩子、45 天照顾 7—15 岁孩子、120 天照顾残疾孩子。按照规定，用人单位只提供假期前 3 天的工资，其他均由保险基金承担。

新冠肺炎疫情期间，普京宣布，俄罗斯政府将向有 3 岁至 16 岁孩子的家庭给予一次性补助 10 000 卢布。

瑞典：政府为鼓励生育"无所不用其极"

欧洲高度人性化的福利政策一直是大家津津乐道的话题。瑞典政府在鼓励生育上所下的功夫，的确令大多数国家自叹不如。

第一，带薪育儿假是鼓励生育最主要的因素之一。1974 年，瑞典成为世界上第一个以育儿假取代特定性别产假的国家。瑞典的父母在孩子出生或被领养后，都有权享有较长的带薪育儿假。

第二，在瑞典，孩子满一岁就可送至公立幼儿园，这使父母双方都能够尽快重归工作岗位。

第三，在父母的带薪育儿假休完后，法律规定，如果孩子生病，父母一方可以随时请假在家照顾孩子的同时获得经济补偿。瑞典父母双方一般会选择交替休假照顾生病的孩子，休假时间大致平均。该政策不仅提高女性在劳动力市场上的地位，而且还鼓励男性更积极地参与家庭中的育儿工作。

丹麦：全面人性化的母婴保健福利

作为北欧高福利国家典型的丹麦，人口老龄化问题十分严重。为了鼓励生育，政府不仅为产妇和奶爸提供了充裕的产假和生育津贴，还提供了极其完善周到的母婴保健。在丹麦，怀孕后一系列保健检查、生产费用都是政府买单；宝宝满周岁后，还会有政府付费的护士定期上门探访。

除了以上国家外，鼓励生育的国家还有很多，如德国、法国、西班牙、澳大利亚等，从发展水平上来说，这些国家有什么共同点？为什么这些国家的人们不愿意多生孩子？他们不怕老无所养吗？他们不担心家族无法延续吗？

政府为什么要想方设法地鼓励生育？除了鼓励生育，还可以采取什么措施来缓解这一人口问题？人口增长缓慢甚至负增长，会带来哪些影响？

历史故事

3 一个国家可以养活的人口受哪些因素影响？

中国的人口在西汉时已发展到了 6 000 万左右，到宋朝时突破 1 亿，到清朝突破 2 亿，到清朝后期突破 4 亿。根据第七次全国人口普查结果，2020 年 11 月 1 日零时全国总人口为 1 443 497 378 人。

中华人民共和国成立以来，我国人口持续增长，现在人口总数在 14 亿左

景区摩肩接踵的人群

右。

我国的人口数量从 6 000 万左右，到 1 亿，再到 4 亿，一直到现在的大约 14 亿，早已多次翻番。人们的生活水平显著提高。

为什么人口大量增加后，人们的生活质量反而提高了？

一个国家可以养活的人口数量取决于哪些因素？

人口可以无限增长吗？

我国是世界第一人口大国，人口密度也在世界上名列前茅，所以原来实行严格的限制生育的人口政策，但为什么 2021 年三孩政策正式出炉？

指南针

1 影响人口迁移的因素

人口迁移是人们对特定环境中一系列自然、经济和社会因素的综合反映。我国古代自给自足的小农经济下，一旦遇上战乱或是大规模的自然灾害，人们就不得不背井离乡，大批迁移，寻找新的活路。当然，政权变化或者政令施行也会带来大批人口迁移，例如政治中心的变动和前面提到的大槐树移民。著名的“走西口”“闯关东”“下南洋”大都和自然灾害、社会变革有关。

我国人口迁移示意图

现代的人口迁移情况又发生了什么新的变化呢？

1949 年至 1986 年间，我国的人口迁移呈现由东部到西部、由沿海到边疆的趋势，“知青上山下乡”便出现在这一时期，这和我国当时的人口政策，以及政治经济走向密切相关。

而 20 世纪 80 年代以来，随着改革开放的不断深入，人口流动日益活跃，人口迁移中组织性迁移的比重下降，自发性迁移的比重迅速上升，特别是 80 年代后期，出现了“民工潮”，大批农民涌向城市，加速了我国经济的腾飞。

总的来说，影响人口迁移的因素分为三大类，第一类是以水、气候、土壤等为代表的自然环境因素，第二类是包含交通、通信、婚姻家庭等在内的社会经济因素，最后一类就是与政策、战争等相关的政治因素了。在影响人口迁移的诸多因素中，经济因素往往起着主导作用。但在某些特定的时空条件下，每一种因素都有可能成为人口迁移的关键诱因。

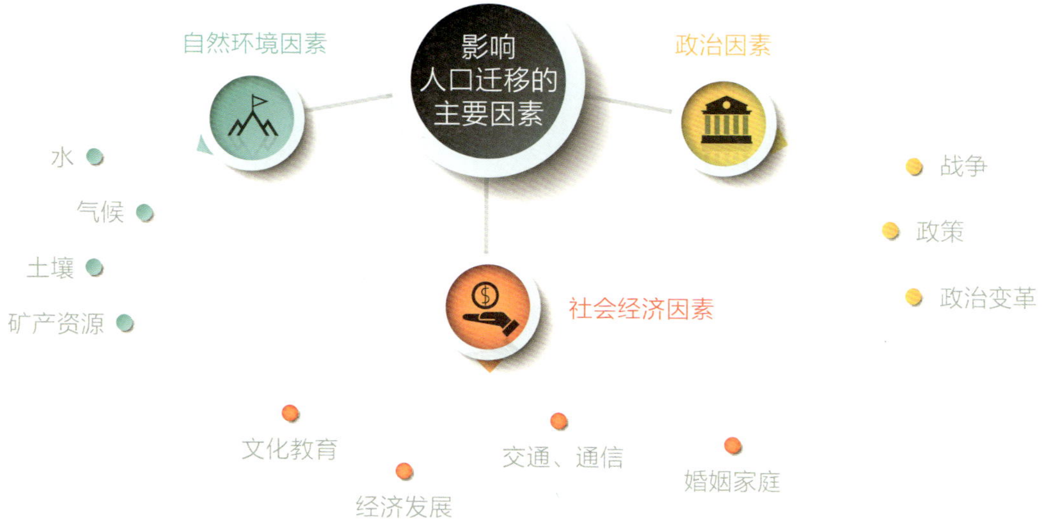

影响人口迁移的主要因素

指南针

2 人口迁移带来的影响

当人们迁出一个地方的时候，可以加强与外界经济、科技、思想和文化的联系，有利于社会经济的发展；如果人们迁入边疆，会有利于开发自然资源，改变落后的经济状况；如果迁入城市，会提供大量劳动力，推动城市经济发展。唐代的文成公主入藏和亲之后，带去了中原的技术与文化，让中原与西藏地区有了更加深入的交流与联系，至今仍是一段佳话。现如今中国各个城市高楼林立、欣欣向荣，也是无数迁入的劳动者辛苦建设的成果。

凡事有利有弊，人口的迁出也会造成人才、劳动力的外流，带来空巢老人、留守儿童等社会问题。对人

口迁入地来讲，人口的大量迁入会加剧对交通、医疗、住房、教育等的压力，有时也带来生态环境问题。

中国深圳，一座改革开放后崛起的移民城市

指南针

3 不同国家的人口特点及人口政策

对发达国家来说，由于经济发达，人们的文化水平比较高，需要使用大量劳动力的情况比较少，所以人们并没有太多尽早结婚然后生儿育女的想法。同时，完善的社会福利保障制度也让人们丢弃了“养儿防老”的传统观念。久而久之，发达国家生育观念愈发淡薄。人口连年负增长带来了劳动力短缺、兵源不足、养老负担过重、老年人生活孤单等诸多社会问题，社会更新换代的速度也越来越慢，所以政府才会

想方设法鼓励生育，接纳移民。

而对发展中国家来说，二战以后，政治上的独立，民族经济的发展，医疗卫生事业的进步，人口死亡率下降等原因都让人口迅速增加。随之而来的是资源、环境、就业的压力，出现环境污染严重、粮食供应不足、就业压力增大等问题，不仅影响经济发展，对提高人口素质也不利。所以像古巴等国家就采取了计划生育等人口控制政策，同时加大力度发展社会经济，提升教育水平。

新加坡——多元文化的移民国家

指南针

4 一个国家可以养活的人口（环境人口容量）

每个国家都会根据国情控制人口，因为人口既不是越少越好，也不是越多越好，例如我国是世界第一人口大国，人口密度在世界上也名列前茅，所以原来实行严格的限制生育的人口政策，但近年来却允许生育三孩，是因为我国老龄化问题严峻，所以控制人口不再是简单的限制生育，而是更为复杂和综合的“计划生育”了。那么一个国家到底适合养活多少人呢？为了回答这个问题，科学家在环境人口容量的基础上，提出了人口合理容量的概念。人口合理容量，就是一个国家或地区最适宜的人口数量，其大小取决于地区开放程度、消费水平等。

如日本，之所以以弹丸之地养活了上亿人口，就是因为它对外开放程度高，能够利用部分别国的资源。尽管人口合理容量是一个理想的、难以确定精确数值的“虚数”，但是它对于制定一个地区或一个国家的人口战略和人口政策具有重要意义，与区域经济社会发展战略也息息相关。

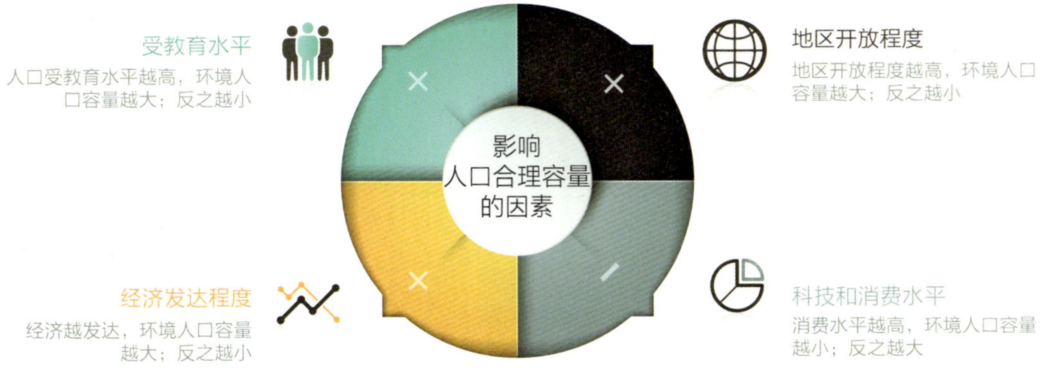

影响人口合理容量的因素

日本东京涩谷路口，人流量最多时一次绿灯可以通过 3000 人

思维迁移

这些国家的人为什么总想生孩子？政府为什么要加以控制？

印度：为控制人口出怪招

印度人口一直高速增长。专家预测到2050年，印度人口将增加近2.73亿从而超过15亿，而中国人口规模将降低至11亿左右，印度2027年将超过中国，成为全球人口最多的国家。

印度前总理瓦杰帕伊在2000年宣布对人口迅速膨胀的主要五个北部邦制定控制人口计划。印度政府2003年2月正式建立了全国人口稳定基金会，该基金会将为印度各邦控制人口增长、降低生育率、推广避孕措施以及保障妇女儿童的医疗健康提供财政援助。

印度超载列车

印度中央邦的希沃布里区地方政府更是想出怪招，如果该地区的男子做绝育手术，政府就给绝育男子办理持枪执照。自推行这一政策以来，当地的男性绝育率大幅上升。

埃及：推行计划生育难

到苏丹、肯尼亚、阿尔及利亚等非洲国家时，常能在大街上看到一个妇女怀里抱着一个孩子，手里牵着一个孩子，肚里还怀着一个孩子的情景。目前，非洲的人口增长率约为3%，平均每个妇女生6.9个孩子，居世界之冠，其中肯尼亚妇女平均每人生8个孩子。

埃及的情况在非洲算好的。埃及的“计划生育国民计划”开始于20世纪80年代中期。政府在全国建立了6 500个计划生育服务中心，免费提供计划生育用具和药品，还定期派卫生人员下乡，向农民解释计划生育政策的意义。埃及虽然生育率有所降低，但人口仍呈直线上升的趋势。住房紧张、交通拥挤、失业严重、物价上涨都和人口的大幅度增长密不可分。

从世界范围来看，哪些类型的国家面临与印度和埃及同样的人口问题？

为什么这些国家的人愿意多生孩子？

人口增长过快会带来哪些影响？

埃及密集的居民住宅

城市的前世今生
HSBC
未来资产
震旦

城市的前世今生

1 我国第一批对外通商口岸为什么是它们?

1840 年，英国人的一声炮响，炸醒了清政府闭关锁国的春秋大梦，在“洋火”的攻击下，清兵毫无抵抗之力，最终签下了丧权辱国的《南京条约》。《南京条约》签订后不久，西方列强就趁火打劫，相继强迫清政府签订了一系列不平等条约。从此，中国开始逐步沦为半殖民地半封建社会。作为中国近代史上第一个与外国签订的不平等条约，《南京条约》涉及割地、赔款、五口通商和税款协商。其中，五口通商即清政府开放广州、福州、厦门、宁波、上海五处为通商口岸，准许英国派驻领事，准许英商及其家属自由居住。

至此，这五个通商口岸作为中国对外贸易的第一站，也得到了不断发展，时至今日，它们已经成为我国的著名城市。

我国海岸线漫长，临海城市有很多，为什么英国选择这五个城市呢?

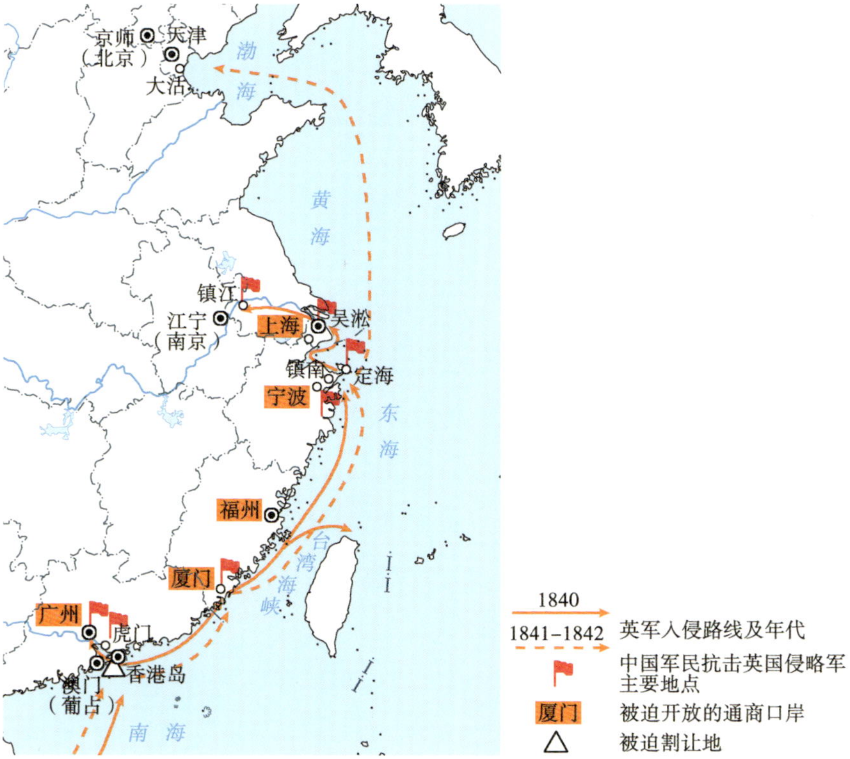

鸦片战争示意图

19 世纪 50 年代的上海外滩

历史故事

2 郑州如何形成？又因何发展？

城市是文明起源的要素和标志。郑州早在距今约5300年前就已出现城池——西山古城，从那时起到秦汉时代，郑州先后出现30余座古城，约4300年前的古城寨古城、约4100年前的王城岗夏代都城、约3600年前的郑州商代都城、约2700年前的郑韩都城、约2000年前的荥阳故城……开创了中国城市建设及规划布局的先河。特别是商王朝在今日郑州城区建立都城之后，城市发展绵延至今，3600年未曾中断，成为世界城市发展史上的孤例，堪称中国城市文明的滥觞。

郑州这片土地在5300年前形成城市的原因是什么？

现在，郑州已发展成常住人口过千万、GDP超万亿的大都市，是因为它具备哪些条件？

20世纪20年代的郑州火车站

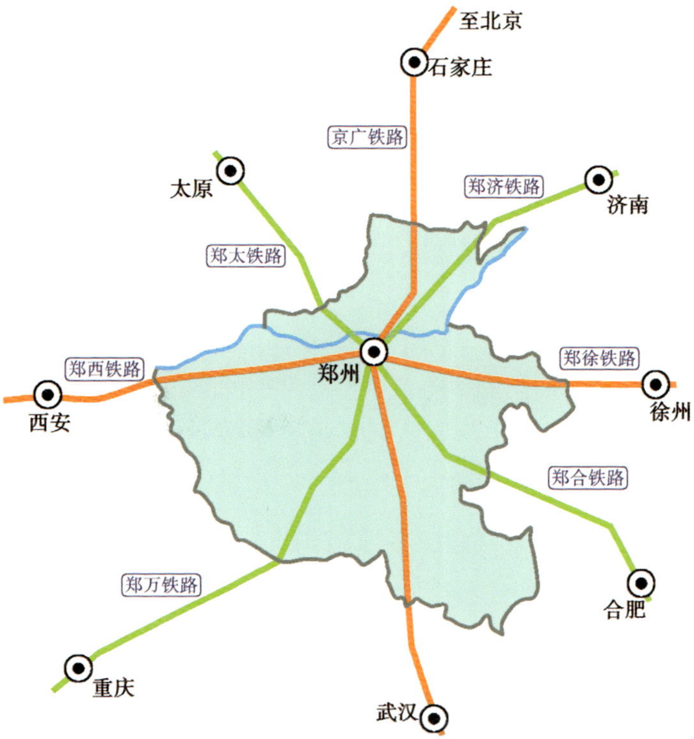

郑州“米”字型高铁枢纽

郑州郑东新区

指南针

城市形成和发展的区位条件

一个城市形成和发展的区位条件有很多，主要有地形、矿产、交通、政治、军事、宗教、河流和气候等因素。比如，耶路撒冷的形成因素是宗教；武汉地处汉江和长江汇合处，形成因素是河流；攀枝花、大庆、克拉玛依等是依靠矿产资源发展起来的；石家庄、株洲、怀化等被称为“火车拉来的城市”，是重要的铁路交通枢纽；首都北京是政治中心，也是交通枢纽。从全球来看，最初的城市形成于气温适中、降水适宜的中纬度平原地区。现代城市也主要分布在气候适宜、地形平坦的地区。

回过头来看郑州。郑州地处华北平原南部，气候四季分明，适宜居住，是中国公路、铁路、航空、通信兼具的综合交通枢纽，拥有亚洲作业量最大的列车编组站和中国最大的零担货物转运站。郑州航空港区是中国首个国家级航空港经济综合实验区。便利的交通优势下，郑州市又因为省会的政治优势而稳定繁荣。多个利好区位条件的共同作用，促进了郑州的发展。

郑州新郑机场

《南京条约》中的五个通商口岸，同样拥有优越的地理位置和交通条件。就上海而言，它位于我国南北海岸线的中间位置，同时也在长江的入海口，是我国对外交流的门户。这方便日后英舰进入长江上游。从商贸互通的角度上看，上海离富庶的苏杭较近，是与苏浙贸易的好地方。宁波在清前期曾是口岸，英国船只就曾多次进入，它也是英国一直渴望的江南丝织品出口的重要港口。广州自明代以来就是南部中国最大的港口，在清乾隆中期以后更是唯一的口岸，所以英国对广州觊觎已久。同时，英国商人也一直希望从福建直接购买茶叶，以减少对广东中间商的依赖，所以厦门、福州就可以作为承担茶叶贸易的重要出口口岸。除此以外，对当时的清政府来说，并不希望自己的腹心地带被开放，所以从政治的角度考量，东南海岸变成了比较合适的选择。所以这五个城市是政治与经济互相博弈、精心考虑的选择。

城市区位因素

思维迁移

1 失去土地后的他们，该何去何从？

山东省东平县接山镇林马庄村的农民们多日来愁眉不展，原来他们的耕地被集体征用，补偿费每年每亩地仅 900 元，他们一方面失去了世世代代赖以生存的口粮地，另一方面也没有什么技能，不知道以后该如何谋生。

土地是农民生活最基本的保障，也是农村稳定的基础。改革开放以来，随着工业化和城市化进程的加快，大量的农村集体土地被征用，失地农民越来越多。目前，全国失地农民总数在 4 000 万 ~ 5 000 万人，每年还要新增 300 多万人。一些地方的失地农民由于缺乏可持续生计安排，面临“种地无田、

不断扩大的城市

农民工

上班无岗、社保无份、创业无钱”的困境，这种状况易造成他们心理失衡和对城市化的抵触，还可能引发一些群体性事件。

什么原因造成了越来越多的失地农民？

失地农民为何忧虑重重，他们面临的主要问题有哪些？如何解决这些问题？

思维迁移

2 留守儿童——这些年谁伴我长大？

湖南省凤凰县山江镇稼贤村是一个苗族村寨。最近几年，虽然人口增加，但稼贤村的3个寨子一天天冷清下去，放眼全村，也很难找到一个20岁左右的青年。30岁和40岁的同样难找。这个年龄段的人并非不存在，而是已经离开。村干部说，大概从21世纪初开始，有力气的人陆续到外地打工，多数去了东部的浙江省。至少有半数村民不在家，有些人多年没回来过。在稼贤村，不难见到正在修路的头发灰白的阿公，也不难见到赶着4头水牛或喂养10头肥猪的阿婆。10年前，保护村庄的治安联防队多由30岁左右的壮小伙组成。现在的50多名联防队员，年龄均在50岁上下，有的已经抱上了孙子。

村里有一所小学，全校96名学生，有80多人的父母不在身边。学校从没开过家长会。

在稼贤小学，有学前班的孩子错把女老师喊成了“妈妈”。一位归来的父亲兴冲冲地到小学去看二年级的儿子，站在教室外面五六分钟后，自己先哭了起来——他七八年没有回家，没有一个孩子认识他。

甚至村里的孩子打架，也极少有人会

气急败坏地威胁对方“等我喊爸爸来揍你”。他们很早就意识到，远水解不了近渴。

这些年来，孩子们不断向大人炫耀自己学会了写字，学会了吹口哨，或是跑得最快。但这些事情，父母往往不是最先知道的。

留守儿童问题与人口迁移、工业化、城市化之间有怎样的关系？

为什么外出务工的大人们不把他们的孩子带到城里生活？

可以采取哪些措施解决留守儿童问题？

乡间结伴上学的儿童

民以食为天

历史故事

文明的选择　一条大河波浪宽

1 四大文明古国的地理环境有何共同点？

在北半球的两河流域、尼罗河、黄河、长江流域以及印度河、恒河流域产生了世界四大文明。古印度代表了恒河与印度河流域的文明，古埃及代表了尼罗河流域的文明，古代中国代表了黄河与长江流域的文明，而巴比伦只是两河流域文明的一个重要时期。

四大文明古国都建立在容易生存的河川台地附近。除此之外，它们的共同点还包括都有自己的神话传说，并利用神话来加强专制统治，古埃及的法老自称是“太阳神的儿子”，古巴比伦的统治者汉谟拉比自称“月神的后裔”，中国的君主自称“天子”。在历法上，四个国家一年都分作12个月，并且都设有闰月。各个文明都创造了自己的文字。印度河、黄河、两河流域的文明都使用陶轮制陶，尼罗河和两河流域的文明都计算了圆周率……由此可见，这四大文明在科学技术、文化政治方面几乎可以说是势均力敌。

为什么文明的种子会选择在这些区域生根发芽呢？

古巴比伦城邦

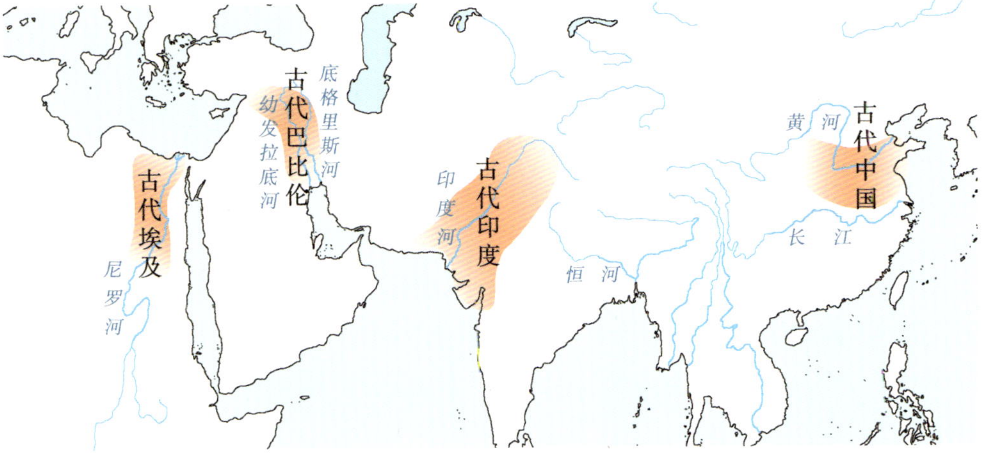

四大文明古国

2 中原地区为什么会成为华夏文明的发源地？

中原，本意为“天下至中的原野”，广义上是指以河洛地区（河即黄河，洛指洛河）为中心的黄河中下游地区与淮河上游以北。包括今河南省、山西省东南部、河北省南部、山东省西部、江苏省西北部、安徽省北部等广大区域。狭义上的中原指今河南省。

中原地区是中华文明的发源地，被华夏民族视为天地之中。 中原地域随

着华夏民族的大融合以及中原文明的扩展而蔓延，一些夏商时期尚属四夷的地区，随着中原文化的传播也被纳入中原文化区。从夏朝到宋金时期，中原一直是中国政治、经济和文化的中心，先后有200多位帝王建都或迁都于此。自古就有“得中原者得天下 ”之说，逐鹿中原方可鼎立天下，历代统治者皆认为把中原纳入版图的王朝才是中国的正统王朝，统称中原王朝，中国8大古都中，中原地区占4个，分别是洛阳、开封、郑州和安阳。

华夏文明之所以发源于中原地区，与这里的农业发展条件息息相关。

这里有哪些对发展农业有利的区位条件？

长江中下游地区是现在的“鱼米之乡”，物产丰饶，这里为什么没有成为华夏文明的发源地？

郑州黄河地质公园炎黄二帝塑像

历史故事

3 长江中下游地区为什么后来成为中华民族的活动中心？

华夏民族的活动范围，最早在黄河中游谷地（汾河、渭河、泾河、洛河），后来，活动范围不断扩大。春秋时代，活动中心移动到黄河中下游地区；秦汉统一后，活动范围进一步扩大；汉晋至唐宋，长江中下游也逐渐成为中华民族活动的中心。

活动中心的变化意味着人口重心的变化，这与农业生产条件和农业技术发展有密切的联系。但西汉史学家司马迁在《史记》中记载，秦汉时期的长

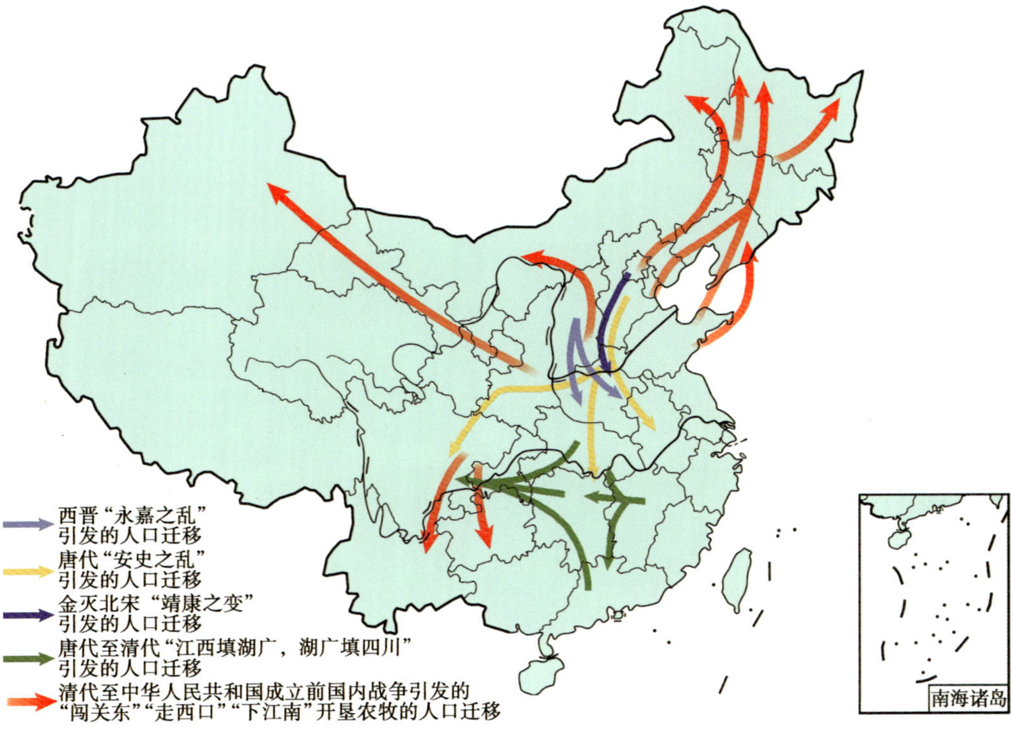

中华人民共和国成立前我国国内人口迁徙示意图

江中下游地区“地广人稀，饭稻羹鱼，或火耕而水耨……”“江南卑湿，丈夫早夭”，农业经济远远落后于黄河中下游地区，为什么后来这里却成为中华民族的活动中心？

六朝古都南京

指南针

1 农业的区位选择

在农业社会，受欢迎的聚集地通常是适合发展农业的地方，气候、地形、土壤和水源是重要的影响因素。知道了这些，再回过头来看四大文明古国，每一个都具备了这样优厚的条件：它们都处于气候温和的中纬度地区，都在大河中下游，灌溉水源充沛，河流冲积造就了平坦肥沃的平原地形。有了这样的“天时”和“地利”，“人和”也就水到渠成了。

华夏文明之所以发源于中原地区，就与这里的农业发展条件息息相关。雨热同期的季风气候、平坦的地形、肥沃的土壤使农业发展蒸蒸日上，“民以食为天”，百姓得以安居乐业，君王在此建都立业。

影响农业区位选择的因素其实很多。但时代不同，这些因素起到的作用也有所不同。这些因素可以分为两类：自然因素和社会经济因素。中国古代

农业区位选择的主要因素

的小农经济，以自给自足为主要目的，人们看天吃饭，自然因素就成了最重要的条件。只有具备好的自然地理条件，才可以长久发展农业。降水量、光热条件等气候因素与农作物生长有着密不可分的关系；平原、山地等不同地形适合发展不同类型的农业；土壤也影响作物的产量和品种；在干旱地区，一个地方能否发展农业则主要看是否有水源。以上说到的气候、地形、土壤、水源等都属于自然因素，在古代，这些自然因素直接影响农业的区位选择。

到了现代社会，科技的发展使人们可以在一定限度内改造不利的自然条件，同时农业科技也大大提高了单位土地面积产量，这使得人们在满足温饱之余，可以把更多精力放在如何通过出售农产品提高收入方面。这种情形下，农民发展何种农业就不再仅仅取决于气候、地形、水源等自然因素，而是主要看市场的需求。人们关注市场的动荡，继而发展市场需求量大的农作物品种，市场需求量成了农业生产类型和规模的最终决定者。此种农业便不再是之前的自给农业，而是商品农业。发展商品农业必须有快捷便利的交通，特别是园艺业、乳畜业等，都会布局在交通运输便利的地方。除了市场、交通、科技外，现代农业还受到政策、机械化水平、劳动力等社会经济因素的影响。例如，我国政府专门在东北平原等地建立商品粮基地，在新疆等地建立商品棉基地。但是东北和新疆地广人稀，谁来从事大面积的农业生产呢？答案是：农业机械，它可以解放劳动力，提高劳动生产率。劳动力的数量和素质也同样影响着农业生产类型和经营方式，比

新疆机械化采摘棉花

如在劳动力丰富的东亚、南亚和东南亚地区，人们可以在稻田里进行精耕细作，而在农民数量较少的美国，人们只能采用旱地直播技术来种植水稻。

由此可见，相对于古代农业来说，现代农业受市场、交通运输、政策、科技、劳动力等社会经济因素的影响更大。

东北松嫩平原机械化农业

指南针

2 在不同发展阶段，长江中下游地区的地理环境对人类活动的影响

长江中下游地区之所以能成为中华民族的活动重心，主要是因为战争和社会变革。不过如果从地理的角度来看，我们不得不提到农业中心的变化了。之前我国农业发展的局面是黄河中下游一家独大，限制长江中下游农业发展的因素主要有两个，第一个是土壤问题，其地带性土壤是红壤，具有酸、黏、瘦的特点，不适合种植农作物；第二个就是交通问题了，长江中下游地区纵横交错的河流将土地分割成了许多碎片。稠密的水系成为交通的阻碍，黏重的土壤使人们开垦困难，当时的人们改造自然能力低下，这里的耕作农业发展缓慢。随着科学技术的发展，人们在生产实践中学会了用翻耕、施肥等方法，把贫瘠的红壤改造成了肥沃的水稻土，同时也学会了建造船只，终于让长江成了润泽百姓的“母亲河”。

由此可以看出，正是由于人们运用智慧发展农业科技和造船技术，才将不利因素变为有利条件。

古代农业——耙地

江南自然村落

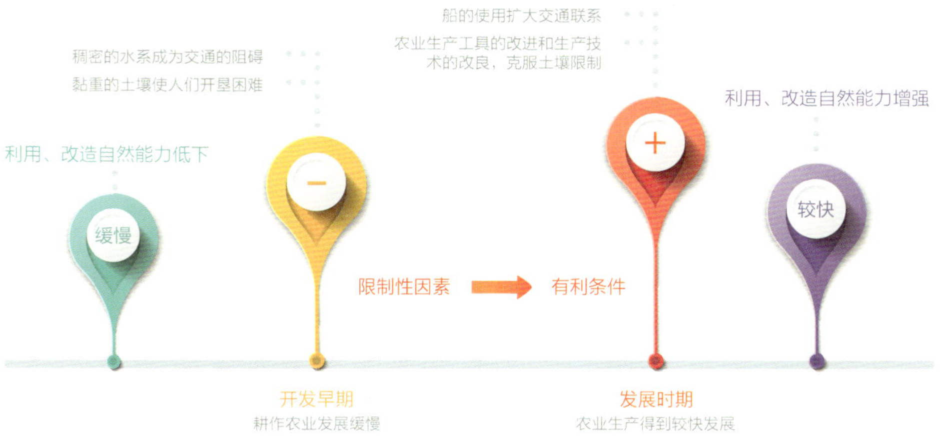

在不同发展阶段，长江中下游地区地理环境对人类活动的影响

思维迁移

1 农业生产与人们的传统观念有何关系？

我国古代农业文明对人们的观念产生了深刻的影响，比如以下这些词语——安土重迁、重农抑商、求实入世、一分耕耘一分收获、崇天敬祖、尊重传统、尊卑有序等，还有宗法专制的政治文化模式（君主专制、中央集权），它们和农业生产活动有何关系？

废井田，开阡陌

古代农业——耕地

思维迁移

2 基塘农业和鱼塘—台田农业

提到农业，映入脑海的是“锄禾日当午”或者“风吹草低见牛羊”，要么种庄稼，要么饲养牲畜。还有一种农业，它的产品既有植物也有动物，那就是混合农业。从世界范围来看，澳大利亚种麦和养羊相结合的混合农业最为典型，实现了生态效益、经济效益和社会效益的统一。我国没有像澳大利亚那样的混合农业，但我国有基塘农业和鱼塘—台田模式的农业，这是我国劳动人民智慧的结晶。

基塘农业是珠江三角洲人民根据当地的自然条件，创造出的一种独特的农业生产方式。人们将低洼易有洪患之处挖成池塘饲养鱼类，挖出的塘泥堆于周围，称为基堤，基堤上种植桑树、甘蔗、果树、花卉等，与鱼塘结合分别称为桑基鱼塘、蔗基鱼塘、果基鱼塘、花基鱼塘，如此既能防洪又能增加

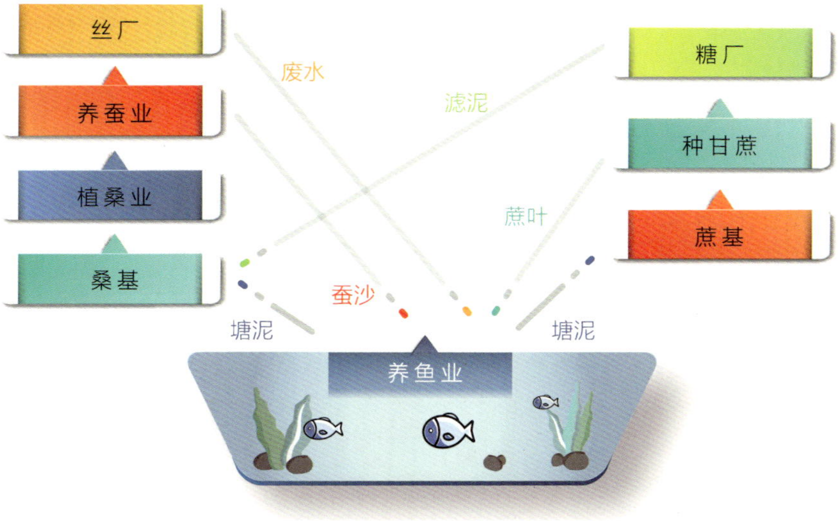

基塘农业

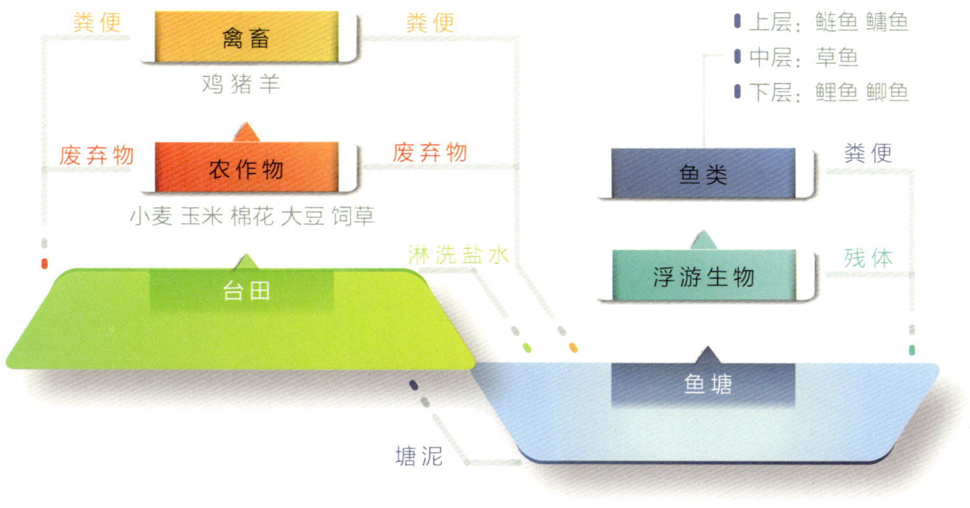

鱼塘—台田农业

收入。基和塘互相促进，以桑基鱼塘最典型。基塘农业是珠江三角洲农业的特色，集中分布在顺德等地。

“上农下渔”的台田模式是一种由台田、排水沟道与鱼塘等共同构成的盐碱地土地利用模式，主要分布于黄淮海平原。该模式建设基本思路是挖土为塘注水养鱼，堆土成台在上耕作，台地特征与排水网络结构为其核心要素。建成后，黄河水漫灌，盐碱逐渐下渗，变为良田，是人类改造大自然的成功尝试。

基塘农业和鱼塘—台田农业有什么相同点和不同点？

为什么说二者都是适应当地环境的产物？

与单一的种植业或畜牧业相比，它们有什么优点？

珠江三角洲的基塘农业

大机器时代

历史故事

首钢为何搬家　产业总动员（上）　产业总动员（下）

1 芭比娃娃产业链上，为什么我们只得到了35美分？

芭比娃娃销售遍及世界150多个国家的市场，每一秒钟就有两个芭比娃娃在世界的某个地方售出。目前制造芭比娃娃的塑料等产自日本等地，模子、油漆及关键装饰材料产自美国，而服装则产自中国大陆，最后在中国大陆“组装”。美国市场售价10美元的芭比娃娃，我国玩具厂得到的收益，大约是35美分。

生产芭比娃娃的企业将产品的部分或全部转移到其他国家生产，这种现象叫产业转移，为什么要进行产业转移呢？

促成芭比娃娃的服装生产和最后的组装都选在中国大陆的因素是什么？

和制造芭比娃娃不同的是，目前，日本、韩国以及欧美的汽车制造企业

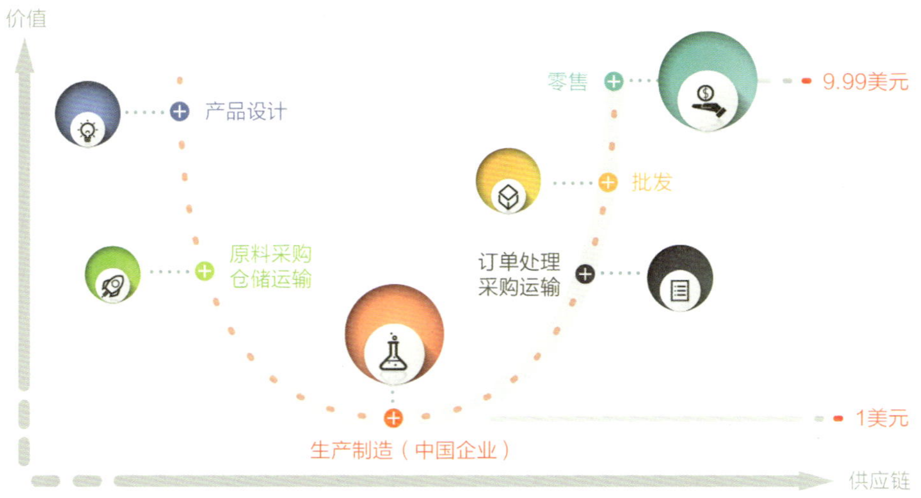

芭比娃娃生产过程与价值分析

直接到我国办厂的越来越多，其影响因素是什么？

“美国市场售价 10 美元的芭比娃娃，我国玩具厂得到的收益，大约是 35 美分。”这说明了什么？长期这样发展下去，会产生怎样的影响？我们应该怎么办？

芭比娃娃生产流水线

历史故事

2 首钢为什么“移师”曹妃甸？

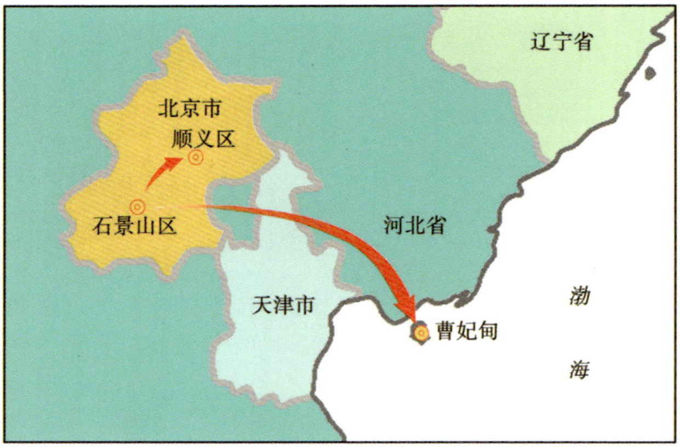

首钢搬迁示意图

2005 年 2 月，国家发改委正式做出批复，原则同意首钢实施压产、搬迁、结构调整和环境治理的方案，并同意在河北唐山曹妃甸建设一个“具有国际先进水平”的钢铁联合企业，作为首钢搬迁的载体。至此，备受关注、已有多年历史的“首钢搬迁”问题终于以“涉钢系统全部迁出北京”为结果而尘埃落定。因地处首都北京而得名“首钢”的钢铁巨头，要搬离已生长近九十载的首都，这究竟是为什么呢？

要说清楚首钢搬家的前因后果，就要把历史翻到 1919 年去。那一年，首钢在北京成立，从那以后首钢几乎与北京共生。在熬过了最初 30 年关关停停的发展初期之后，首钢随着北京的解放，终于蓬勃发展起来了。1958 年建成我国第一座侧吹转炉，结束了首钢有铁无钢的历史。1964 年建成我国第一座 30 吨氧气顶吹转炉，揭开了我国炼钢生产的新篇章。1978 年，首钢进入我国十大钢铁企业行列，1994 年钢产量列当年全国第一位。这些骄人成绩的取得，不仅仅是每一个工业劳动者的劳动成果，更是中华人民共和国工业发展的见证。

地处城市西部上风向的首钢涉钢系统，靠近首都的心脏位置，距离天安门仅 14 公里，地理上的优势让它能汇聚到全国英才，但带来的弊端也非常明显。随着首钢产能与产业规模的不断扩大，焦化、烧结、炼铁、炼钢和轧钢等一系列高耗能、高耗水、高排放的生产工序，对北京市区空气环境质量产生了巨大的负面影响。首钢的发展与首都环境以及产业结构的矛盾日益突出。在世纪之交的 7 年间，首钢累计投入了 15.54 亿元治理环境，使污染物排放大幅度降低。但为了彻底还北京一个蓝天，为了更好地转型发展，首钢的迁移势在必行。

全国那么多地方，首钢的新工厂建到哪里最合适呢？看上去毫不起眼的曹妃甸究竟凭借什么优势被一眼相中？它与我国钢铁产业的新布局又有什么关系呢？

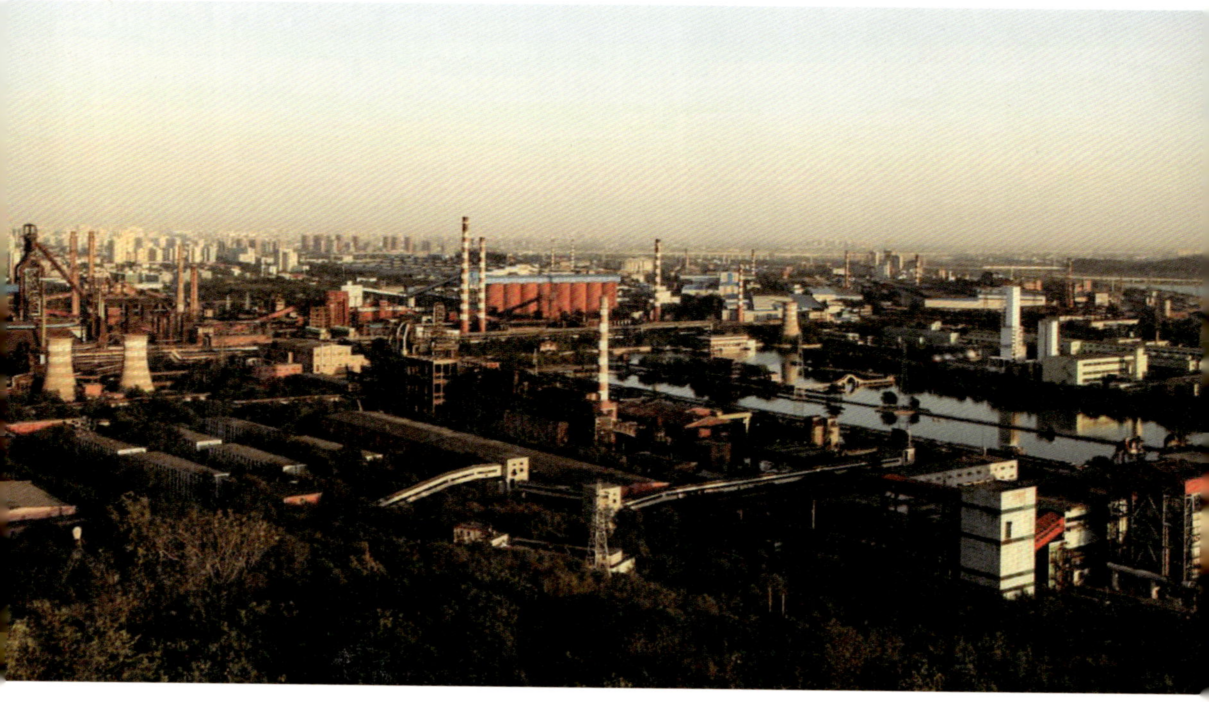

首钢原址

指南针

1 工业区位条件（工业布局需要考虑的因素）

与农业相比，工业受自然条件的影响较小，工业生产具有季节上的连续性和地域上的灵活性。那么，在布局工业时，主要会考虑哪些方面的因素呢？下面以首钢搬迁，选址曹妃甸为例，一起来探讨究竟是哪些因素在影响工业的区位选择。

第一，曹妃甸地处渤海湾，是中国少有的不需要人工开挖航道即可停靠25万吨船舶的大型深水港址，这对于钢铁企业原料输入和产品输往市场是得天独厚的优势；第二，冀东地区已探明的铁矿石储量丰富，可为钢铁厂提供可靠的铁矿石保障，这是原料优势；第三，曹妃甸岛与陆地之间有150平方公里滩涂地，建厂可不占耕地；第四，曹妃甸与首钢石景山老区距离并不远，交通也十分便捷。首钢搬迁到唐山曹妃甸，非但没有使其“伤筋动骨”，反而实现了“脱胎换骨”的产业升级，在资源节约、产品附加值提高、生态保护、大型企业搬迁等方面都发挥了示范性作用。

通过这个例子，我们可以总结出，工业区位选择的影响因素如下图所示。

工业区位因素分析

理想的工业区位应当拥有充足的原料、质高价廉的劳动力、前景广阔的市场、便利的交通等。但是落到现实，如此理想的地方是不存在的，这就需要有所取舍，针对不同产业，考虑不同的主导因素。甜菜制糖厂、甘蔗制糖厂、水产品加工厂等，其原料不便于运输，或从原料到产品重量大大减轻，在进行区位选择时应接近原料产地。与之相反，啤酒厂、汽水厂、家具厂、印刷厂等，其产品不便于运输，它们的布局应尽可能地接近消费市场。电解铝、冶金等需要大量电能的工业布局时更看重是否接近火电厂或水电厂之类的能源供应地。廉价劳动力指向型工业，如普通的服装厂、电子装配厂等偏爱去劳动力丰富且便宜的地方建工厂。以集成电路、卫星、飞机、精密仪表等为代表的技术指向型工业要接近高等教育和科技发达地区，吸引尽可能多的高精尖人才。

曹妃甸码头

2 产业转移的影响因素

企业将产品生产的部分或全部由原生产地转移到其他地区，这种现象叫作产业转移。如果发生在一国之内，叫作国内产业转移。发生在不同国家之间，叫作国际产业转移。影响产业转移的因素有很多，主要有劳动力、内部交易成本以及市场这三大因素。

劳动力，狭义上来说就是具有劳动能力的人口。劳动力在国际范围的流动性很小。而在不同国家或地区，劳动力的数量、质量和价格差异都很大，这就导致了如果一个国家或地区具有充足、高素质且价格较低廉的劳动力资源，那它就将成为产业转移的优选目的地。尤其是劳动力密集型产业，其产业转移最为典型。例如在东亚地区，20 世纪 50 年代劳动力密集型产业主要分布在日本，60~70 年代转移到韩国及我国的台湾、香港，80 年代转移到我国东部沿海地区，90 年代中后期转移到我国中西部地区。现在，非洲和东南亚的一些国家接过了劳动密集型产业的接力棒，成为此类产业转移的新目的

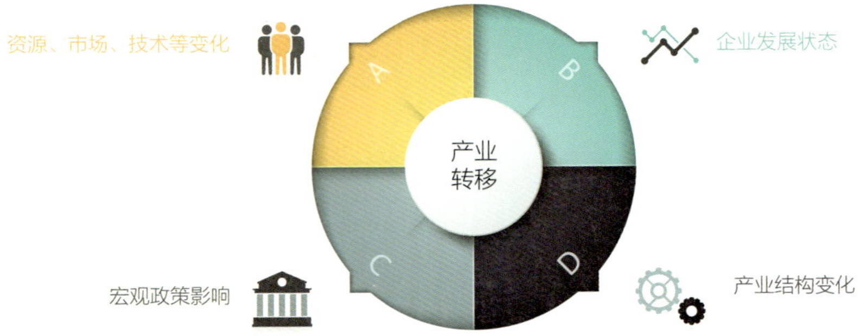

产业转移的影响因素分析

地。可见，重视劳动力数量和价格的这类产业，它的转移规律是按照经济发展水平从高到低进行梯级转移的。

企业生产需要与有工业联系的其他企业打交道，还需要与包括政府在内的地方服务行业打交道，生产组织、职工培训等也都要投入一定的资金。企业的这些投入，统称为内部交易成本。通常情况下，企业家希望在内部交易成本最低的区位投资建厂。发达国家内部交易成本很高，所以精明的企业家们开始纷纷向国外转移产业。因为他们发现，越来越多的发展中国家都对外商投资给出了优厚的政策，例如上海自贸区就为很多企业开设了绿色通道，帮助企业降低内部交易成本。

企业发展的初期一般都在当地生产，当企业达到一定规模和实力时，当地市场无法满足企业再发展的需求。于是，以投资、建厂为主要形式的产业转移便出现了。例如，日本、韩国以及欧美的汽车制造企业到我国兴办汽车厂，主要是因为我国拥有庞大的汽车消费市场。还有的企业为了避开贸易壁垒，采用在市场地直接投资建厂的方式，开辟新的市场。例如中国光伏产品曾以低价和可靠的质量横扫了欧美市场，逐渐成为市场的主流，让很多欧美大厂迅速衰落，这也引起了美国政府的不满。于是美国政府对中国光伏产品征收高关税，企图把中国产品逐出国门，将国内市场留给本土企业。面对严峻形势，一些中国光伏企业只好以在美国建厂的方式来突围。

影响企业跨国转移产业的因素还有很多。国家经济形势的变化，国家政策的调整，原生产地用地紧张、地价昂贵，环境污染严重等，都会促使企业进行产业的国际转移。现实中，产业的国际转移往往是多种因素综合作用的结果。在产业转移的影响下，人类的生产也正式进入了全球化发展的新纪元。

TESLA

特斯拉上海超级工厂

指南针

3 产业转移对区域发展的影响

第一，产业的转移会促进区域产业结构调整。对发达国家来说，产业结构调整导致原主导产业向国外转移，可使国内的生产要素集中到新的主导产业，为产业结构顺利调整创造了条件。日本自第二次世界大战后，已经历了两次工业结构调整，现在正在进行第三次工业结构调整。每一次产业结构的升级和调整，都伴随着旧产业的转出。例如，在20世纪六七十年代，日本将纺织等劳动密集型产业转向韩国及我国的台湾、香港等地。

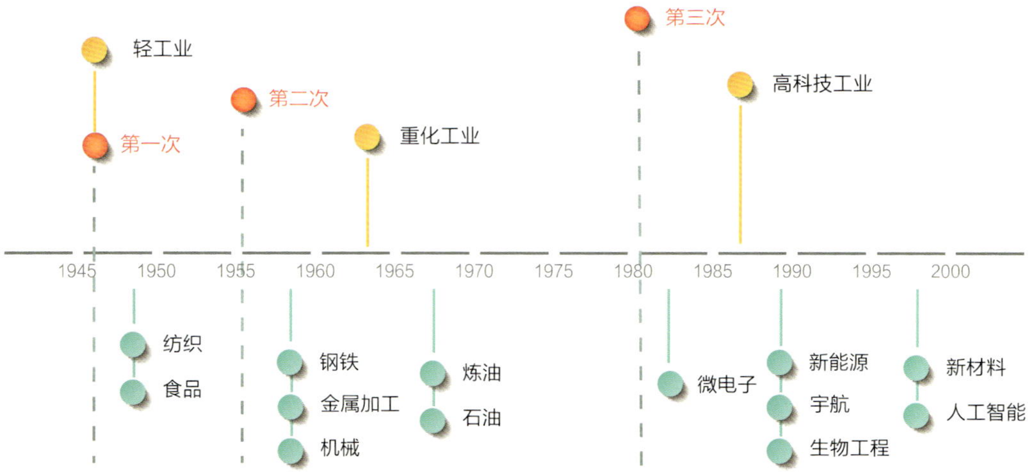

日本战后工业结构调整

而对发展中国家或地区来说，接受发达国家的产业转移，可以加快本国或本地区的经济结构调整，缩短产业升级的时间，从而加快工业化的进程。例如，韩国从1973年开始重点发展重化工业，至80年代初，已基本形成了以重化工为主的工业结构，比发达国家同样工业化过程所用时间大大缩短。

第二，由于产业转移涉及许多跨国合作，所以产业转移会促进区域或国际间的分工与合作。国际产业转移使各国可以根据自己的优势条件发展相应的产业，从而促进了国际产业的分工和合作，推动了区域经济一体化。实际上，任何一种产业都具有自己的发展周期：有些产业处于开发和增长期，是“朝阳产业”，如信息产业；有些产业处于成熟或衰退期，为“夕阳产业”，如纺织工业。对同一个产品来说，也可以分成研发、加工、销售等上下游环节，形成一条产品生产环节的价值链。其中，研发和销售环节需要的劳动力少，所获得的收益高。而加工环节需要的劳动力多，但所获得的收益低。

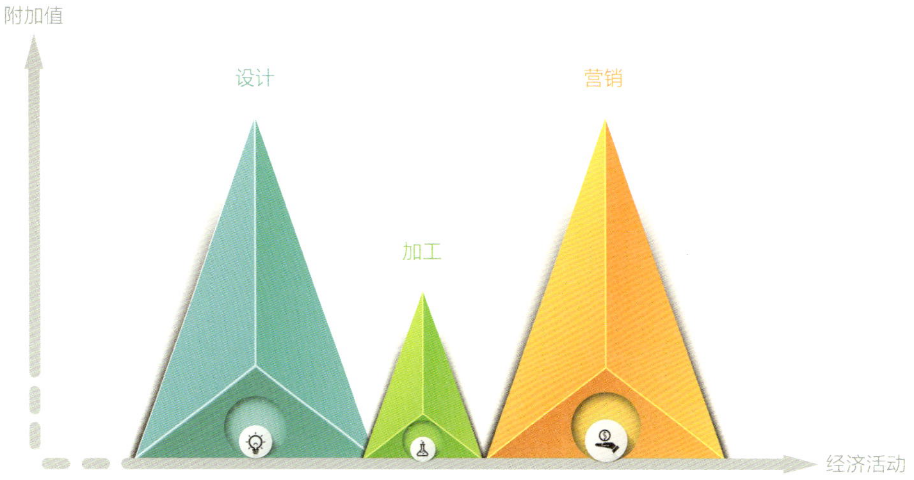

不同环节的附加值差异

产业转移所形成的国际分工和合作，在加速发展中国家或地区实现工业化的同时，也会带来一些负面的影响。发达国家总是把处于成熟期、衰退期和低附加值的生产环节向外转移，而把技术含量高、具有良好发展前景的产业和高附加值的生产环节留在国内，以保持自己的技术优势并获取高额利润。所以发展中国家在接受产业转移时就要特别注意这一点，最好能引进处于研发期、增长期的产业以及高附加值的生产环节。

与此同时，产业转移还会改变区域的地理环境。例如，产业转移使东亚

重化工业污染环境

的出口加工区由原来的乡村变成了高度工业化的地区。但重化工业生产在大量消耗资源的同时，还排放出了大量的废气、废水、废渣，严重污染环境。所以发展中国家在接受发达国家重化工业转移的同时，应充分估计其对环境的负面影响，加强对废弃物排放的控制和综合治理，永远要记得“绿水青山才是金山银山”。发展重化工业，需要进行严格的环境评价，以免重蹈“先污染，后治理”的覆辙。

第三，我们看到产业转移还会改变劳动力就业的空间分布。伴随着产业转移，就业机会也由转出国或地区转移到转入国或地区。如果一个国家产业大量向国外转移，国内的就业机会就会越来越少，引起失业人口增加，我们前面所说的日本就是这样的情况。而对于像我国这样的发展中国家，劳动力资源丰富，大量吸收国际产业转移有助于缓解就业压力。

产业链环环相扣，产业转移像硬币的两面，既会带来有利影响，也存在不利影响。无论转出还是转入，都要慎之又慎，全面、辩证地看待它，才能更好地为我所用。

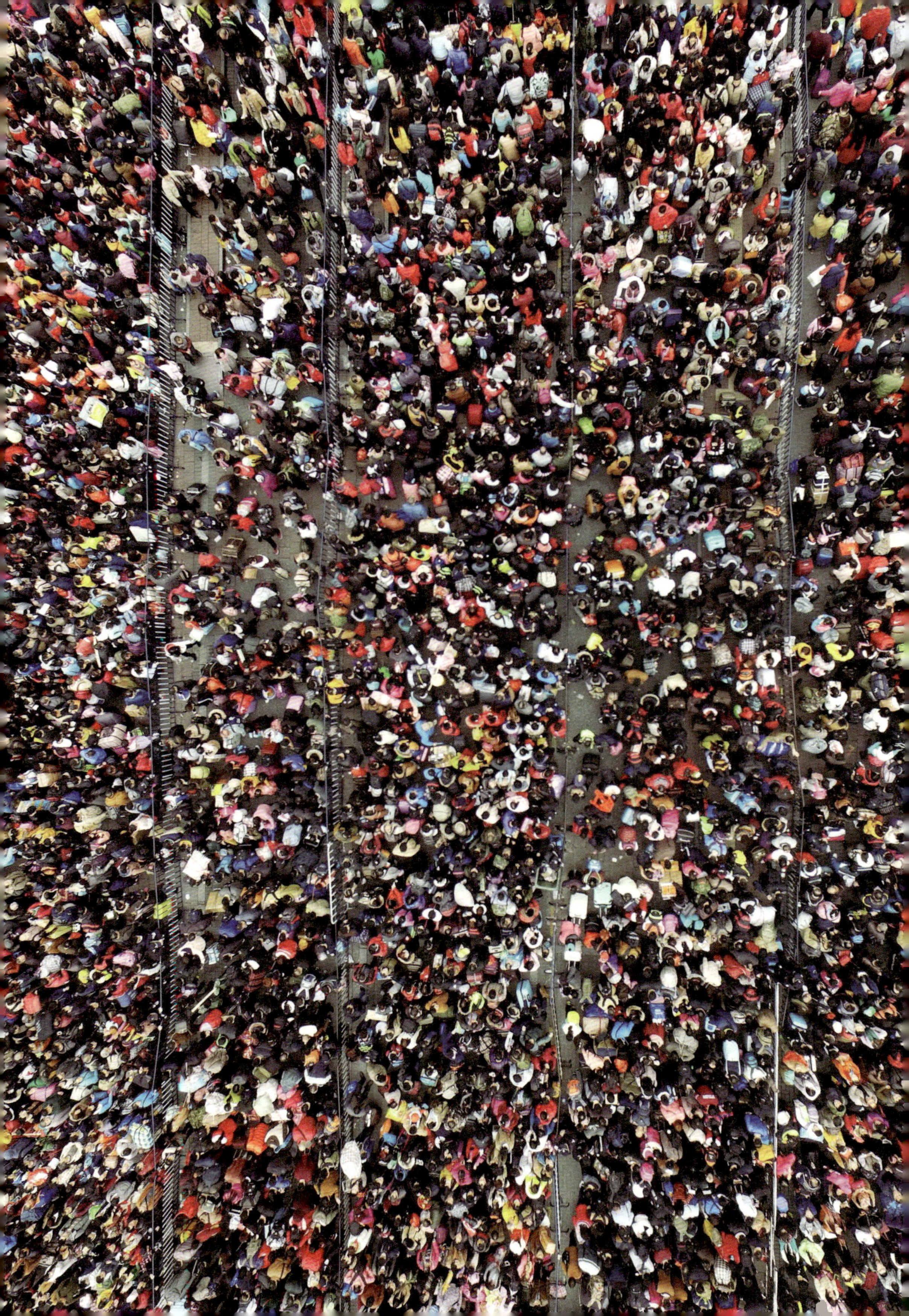

思维迁移

富士康在我国的迁移之路

富士康，这家大名鼎鼎的公司成立于我国台湾地区台北市，是全球最大的电子产业科技制造服务商，最多的时候曾拥有120余万名员工。2020年，是富士康进入中国大陆投资34周年。34年来，富士康像一棵大树，在大陆数十个城市“生根发芽”。

1988年6月6日，富士康在深圳开设第一家生产基地，这里成为富士康在我国大陆发展的起点。以此为据点，富士康在深圳形成两大科技园，员工一度达到三四十万人。要是早上守在厂区门口，你可以看到数万员工涌入园区连绵数公里的震撼场面。

20世纪90年代深圳富士康工厂周边景象

但后来，随着深圳的发展，富士康开始把目光投向其他城市，生产线开始迁往相对不发达的华中、华北及西南地区。富士康的到来，给这些地方带来了新的活力。

最典型的是郑州。在富士康到来之前，带动郑州 GDP 的是煤炭、水泥等重工业。2010 年，富士康入驻郑州，2011 年，郑州产业结构出现“拐点”，郑州高新技术产业增加值开启了延续至今的增势。除间接提供约 80 万个就业机会，还有对手机生产厂商的吸引——随着中兴、OPPO 等企业相继落户，2015 年，全球每七部手机，就有一部产自郑州。同时，由于手机依赖航空运输，郑州机场货运量也出现明显增长。2018 年，郑州新郑机场货邮吞吐量稳居中部 6 省省会城市第一。

另外，“富士康依赖症”也逐渐成为郑州及一些引进富士康的城市不得不面对的尴尬。有不少城市意识到，引进富士康，带来的不仅是“宝”，还有“坑”。随着城市升级、经济转型，城市迫切需要新一轮产业升级。

当深圳崛起后，为什么富士康选择把工厂迁移到内地？富士康为郑州带来的“宝”和“坑”分别是什么？你从富士康迁移路线图上，可以发现怎样的规律？

富士康工厂迁移示意图

EXIT

大道通衢
九州畅

历史故事

从蜀道难到上青天

1 为什么历史上扬州如此繁华？

古诗词中常可见到扬州的踪影，如“故人西辞黄鹤楼，烟花三月下扬州”“天下三分明月夜，二分无赖是扬州”“二十四桥明月夜，玉人何处教吹箫”……然而时至今日，扬州虽然繁华依旧，但是它的地位已经远不能和当年相比了。为什么历史上的扬州如此鼎盛，短短几百年之后，却又泯然众人呢？

扬州二十四桥明月夜

扬州瘦西湖春景

历史故事

2 京九铁路为什么故意拐弯？

京九铁路建成于1996年，它北起于北京西客站，南止于香港的九龙车站，故称京九铁路。众所周知，修铁路以直线为好，这样投资相对较小,列车行进也比较方便。京九铁路由北京到安徽阜阳这一段基本上取的是直线，如果再取直线南下，本可以由阜阳经六安直下九江，但现实中的京九线却从阜阳向西南拐弯,绕进河南信阳大别山区，然后再向东南拐进井冈山区，接连拐了两个大弯，呈英文字母“S”形走向。

为什么京九铁路放着直线不走，偏要拐弯呢？

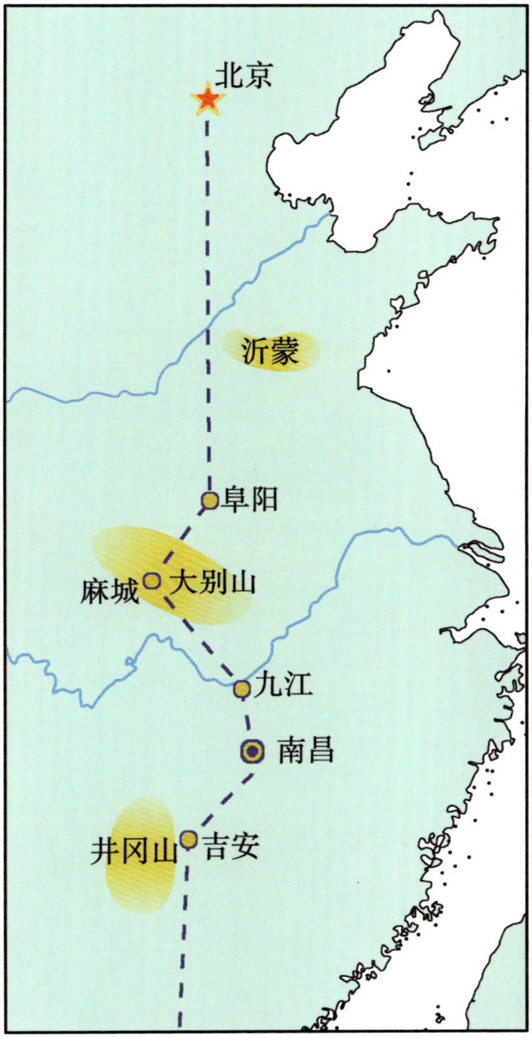

京九铁路（局部）示意图

京九铁路经过麻城

革命老区麻城

指南针

1 交通线对城市（或乡村）的影响

了解扬州的兴衰，得先来认识一条人工河——大名鼎鼎的京杭大运河。京杭大运河是世界上开凿最早、长度最长的一条人工河道，远长于苏伊士运河和巴拿马运河。它是中国仅次于长江的第二条“黄金水道”，价值堪比长城。

公元 7 世纪初，隋炀帝迁都洛阳。为了控制江南广大的富庶地区，把长江三角洲地区的物资源源不断地运往洛阳，隋炀帝几年间多次开凿河渠，在中原地区形成了一个多枝形运河系统。公元 610 年，工程再启，开凿了长约 400 公里的江南运河，河流流域覆盖了江苏镇江至浙江杭州的大片江南地区。这样，洛阳与杭州之间运河全线贯通。在此期间，隋炀帝在扬州城内开凿的运河，让扬州成为运河名邑。一直到元期，定都大

京杭大运河线路示意图

都之后，运河不再绕道洛阳，同时，为了使南北相连，把粮食从南方运到北方，又先后开凿了三段河道，把原来以洛阳为中心的隋代横向运河，修筑成以大都为中心，南下直达杭州的纵向大运河。而扬州在京杭大运河的无数次变迁之中，始终保持了重要的南北交通枢纽位置，借漕运之利，富甲江南，成为中国最繁荣的地区之一。

京杭大运河

到清末，羸弱的清政府已经没有余力去解决大运河的堵塞问题了，加之海上运输的发展和京沪铁路的建成，沿运河城市发展缓慢，城市沿河伸展的空间形态基本保持不变。至此，扬州终于随着运河的衰落，退出了中国一线城市的舞台。

由此可见，交通运输网的布局和交通运输方式的改变对区域的影响是巨大的。

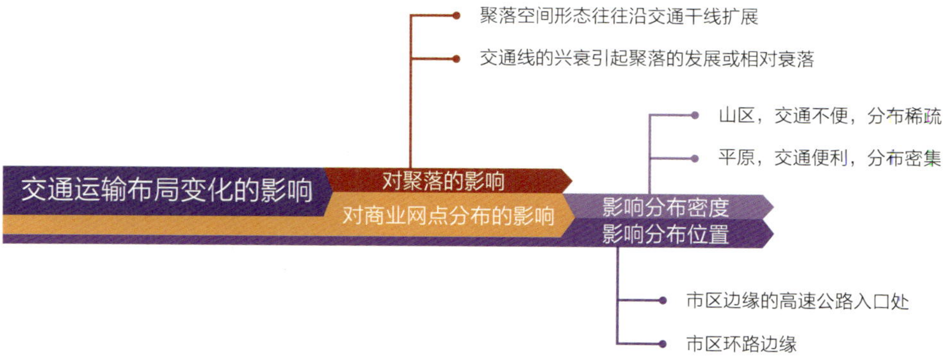

交通运输布局变化的影响

指南针

2 交通线建设的意义

可以从三个方面来理解交通线建设的意义。第一，交通运输本身就有激活交通网、缓解交通紧张状况的意义。第二，交通线建设带来的经济效益也十分显著，对区域优势互补、缩小地区经济差距的促进作用都非常明显。蜚声海外的超大型跨海通道港珠澳大桥的建成，极大地便利了粤港澳三地之间的人员交流和经贸往来。第三，交通线的建设还能巩固国防，加强民族团结，促进少数民族地区和革命老区的经济发展，大家熟悉的《天路》歌唱的就是青藏铁路建设的意义，青藏铁路的建成通车不仅促进了少数民族地区的发展，巩固国防的作用也非常显著。

而京九铁路从阜阳南下的时候，放着直线不走，反而是向西南拐弯，绕进大别山区，然后再向东南拐进井冈山区，目的就是促进贫困革命老区的发展，这属于交通线建设的政治、社会意义。

青藏铁路

- 交通线建设的意义
  - 交通运输本身的意义
    - 激活（完善）交通网
    - 缓解交通紧张状况
  - 经济意义
    - 促进相关产业发展
    - 带动沿线经济发展
    - 区域间优势互补和交流，缩小地区间经济差距
    - 促进商业繁荣和对外开放
    - 促进科技创新和进步
  - 政治、社会意义
    - 促进少数民族地区的经济发展
    - 促进革命老区的经济发展
    - 加强民族团结
    - 巩固国防

交通线建设的意义

港珠澳大桥

思维迁移

台湾岛的重要地理区位

台湾岛地处我国东南海域，东临太平洋，西隔台湾海峡与福建省相望，最窄处仅 130 千米；南界巴士海峡与菲律宾群岛相对，最窄处仅约 300 千米。

台湾岛的重要性体现在很多方面，其中最为关键的是航运和军事。

航运方面，台湾扼守西太平洋航道的中心，是太平洋地区多国海上联系的重要交通枢纽。从欧洲、西亚、非洲、南亚、大洋洲到中国东部沿海的船只需要从这里经过。从大西洋、波斯湾、印度洋到日本、朝鲜、韩国的船只一般也要经过这里。

台湾海峡

军事方面的重要性主要体现在台湾是我国进入太平洋的重要门户，也是我国沿海七省的重要屏障。我国是爱好和平的国家，稳定是发展的前提，海军、核潜艇等都是维护国家安全的重要保障，我国的内海渤海水深较浅，黄海、东海水深不够且有国际公海海域。南海虽然水深足够，但多国船只可自由通行，且与一些国家存在岛礁等方面的争议。所以台湾海峡和台湾岛东侧的深水区成为发挥我国海军、核潜艇优势的重要区域。

当然，台湾岛不仅对我国来说特别重要，它还对其他国家产生深远影响。例如，有人说台湾扼日本“海上生命线”西太平洋航线之要冲，你对此有何见解？美国军事家麦克阿瑟称台湾岛是“永不沉没的航空母舰”，对此，你怎么看？

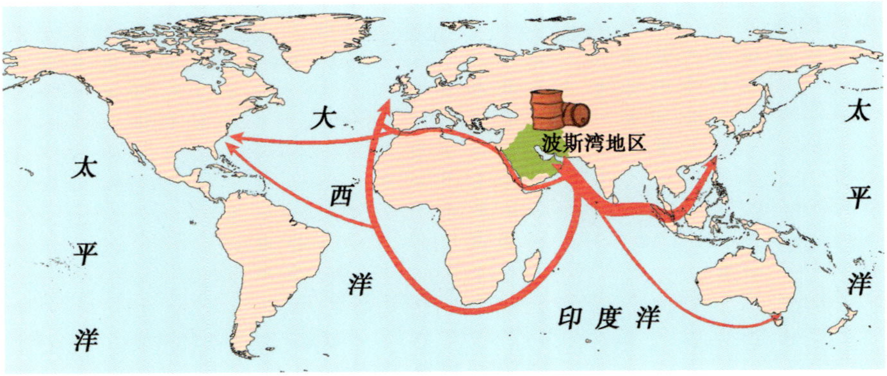

波斯湾石油运输线路

知识索引

本书分十个专题讲述真实的历史事件的神奇之处，探索其神奇背后的神秘力量——地理之“理”。本书所选取的这些地理之“理”，就是大地理常识，也是地理学科的核心知识、核心概念。

太阳大，地球小，太阳带着地球跑

历史故事

1. 太阳是宇宙的中心吗？——地球在宇宙中的位置，天体系统，太阳系
2. 信鸽竟然也会迷失方向？——太阳活动对地球的影响
3. 苏联的“超级钻探”为何停止？——地球内部的圈层结构
4. 为何“月有阴晴圆缺”？——月相

思维迁移

1. 古诗中的月亮有何不同？——月相
2. 太阳活动还会造成哪些影响？——太阳活动对地球的影响

气象万千

历史故事

1. “贸易风”“信风”“马纬度”“季风”的名称是怎么得来的？——气压带和风带
2. 威震欧亚大陆的蒙古铁蹄，为何两次远征日本失败而还？——台风
3. 为什么说天气帮了俄罗斯大忙？——气候分布
4. 日本袭击珍珠港成功的原因与天气有何关联？——常见天气系统

思维迁移

1. 美国进攻越南为何选择冬季？——大气环流、气候
2. 伊拉克的战争时刻表与天气有关吗？——常见天气系统

神奇的洋流

历史故事

1. 郑和下西洋为什么总是冬季出发？——洋流分布规律、季风洋流

2. 哥伦布第二次去美洲大陆时，为何改成更远的航线？——洋流分布规律

3. 德国潜艇怎么做到“神不知鬼不觉”的？——密度流

思维迁移

1. 诺曼底登陆为何选在夏季？——洋流的季节性

2. 泰坦尼克号为何遭遇冰山？——洋流对航海的影响

沧海桑田的秘密

历史故事

1. 青藏高原上为什么会出现海洋生物化石？——地壳运动、板块构造学说

2. 历史上，黄河为什么总是改道？——河流的堆积和侵蚀作用

思维迁移

庞贝古城为何一夜间消失？——地质灾害、内力作用

失落的文明

历史故事

1. 面对殖民入侵，为什么非洲更有“抵抗力”？——地理环境对人类活动的影响、地理环境的差异性

2. 黄土高原也曾经水草丰美，你信吗？——生态破坏问题、地理环境的整体性

思维迁移

1. 为什么南美洲最先开发的不是亚马孙河流域？——地理环境对人类活动的影响、地理环境的差异性

2. 楼兰古国消失的秘密——生态破坏问题、地理环境的整体性

“我”从哪里来

历史故事

1.“我”从哪里来？——人口迁移的原因

2. 这些国家的人为什么不愿意生孩子？政府为什么鼓励生育？——人口问题与人口政策

3. 一个国家可以养活的人口受哪些因素影响？——人口容量及其影响因素

思维迁移

这些国家的人为什么总想生孩子？政府为什么要加以控制？——人口增长模式及影响因素、人口政策

城市的前世今生

历史故事

1. 我国第一批对外通商口岸为什么是它们？——城市区位
2. 郑州如何形成？又因何发展？——城市形成和发展的区位条件

思维迁移

1. 失去土地后的他们，该何去何从？——城市化问题与对策
2. 留守儿童——这些年谁伴我长大？——城市化问题与对策

民以食为天

历史故事

1. 四大文明古国的地理环境有何共同点？——农业区位因素
2. 中原地区为什么会成为华夏文明的发源地？——农业区位因素
3. 长江中下游地区为什么后来成为中华民族的活动中心？——区域发展的自然环境基础

思维迁移

1. 农业生产与人们的传统观念有何关系？——农业生产对人类的影响
2. 基塘农业和鱼塘—台田农业——我国特色农业

大机器时代

历史故事

1. 芭比娃娃产业链上，为什么我们只得到了 35 美分？——产业转移及其影响
2. 首钢为什么“移师”曹妃甸？——影响产业转移的因素

思维迁移

富士康在我国的迁移之路——影响产业转移的因素

大道通衢九州畅

历史故事

1. 为什么历史上扬州如此繁华？——交通运输布局对区域发展的影响

2. 京九铁路为什么故意拐弯？——交通线建设的区位因素

思维迁移

台湾岛的重要地理区位——交通位置对区域发展的影响